成语古诗说物流

REMARKS ON LOGISTICS IN CHINESE IDIOMS AND POETRIES

吕建军 编著

中国经济出版社
CHINA ECONOMIC PUBLISHING HOUSE
·北京·

图书在版编目（CIP）数据

成语古诗说物流／吕建军编著．
—北京：中国经济出版社，2020.1
ISBN 978－7－5136－5809－6

Ⅰ.①成… Ⅱ.①吕… Ⅲ.①物流管理—基本知识 Ⅳ.①F252.1

中国版本图书馆 CIP 数据核字（2019）第 173544 号

责任编辑　闫明明
责任印制　巢新强

出版发行　中国经济出版社
印 刷 者　北京九州迅驰传媒文化有限公司
经 销 者　各地新华书店
开　　本　710mm×1000mm　1/16
印　　张　14.5
字　　数　183 千字
版　　次　2020 年 1 月第 1 版
印　　次　2020 年 1 月第 1 次
定　　价　58.00 元
广告经营许可证　京西工商广字第 8179 号

中国经济出版社　**网址** www.economyph.com　**社址** 北京市东城区安定门外大街 58 号　**邮编** 100011
本版图书如存在印装质量问题，请与本社销售中心联系调换（联系电话：010－57512564）

编委会

主　编　吕建军

副主编　廖媛红　李　帅　廖　波

参　编　吴继辉　王立杰　曾梦杰　张　欢
　　　　高笑宇　蔡雪琪　蔡云龙　袁福静
　　　　王天琦　郭书颖　韩雅茹　孙　璐

前　言

2019年是新中国成立70周年，我国已跃升为世界第二大经济体，中国特色社会主义进入新时代，综合国力大幅增强。与此同时，我国物流行业也发生了翻天覆地的变化。物流在现代商品的交易和流通中发挥了巨大的作用，改变了商品流通的历史，推动着整个市场经济的重大变革。“物流”二字逐渐为人们熟悉和重视。为了让人们能有趣轻松地了解和掌握相关物流知识，推动物流行业取得更大进展，实现物流强国，出版一本与物流有关的通俗读物尤为必要。

《成语古诗说物流》一书是编者从中国农业大学经济管理学院“物流与供应链管理”课堂成果中精心摘录、整理和改编而成的，凝结了历届学生的心血和智慧。由于篇幅所限，还有很多优秀成果未能收录在本书中，编者对此深表遗憾。全书分为上下两篇，分别精选了与物流发展有关的成语、诗词，在给出诗文释义的基础上探索物流释义并介绍相关知识。

本书通俗易懂、简单易学，非常适合非物流专业的读者阅读，是一本兼具文学艺术和物流知识的大众读物，能够让读者快速了解物流行业以及相关知识，对物流知识的普及和推广具有重要意义。

本书是学生课堂成果的结集，在编写过程中力求多角度介绍物流知识及最新行业进展，但由于水平有限，其中难免有错漏之处，恳请广大读者指正。

编者

2019 年 12 月

Contents

目 录

成语篇

物流 <<<003

跋山涉水 <<<003

弹尽粮绝 <<<004

朝发夕至 <<<006

一日千里 <<<007

知止不殆 <<<009

车水马龙 <<<010

与时俱进 <<<011

快马加鞭 <<<012

草船借箭 <<<013

量体裁衣 <<<014

完璧归赵 <<<015

水泄不通 <<<017

供不应求 <<<018

任重道远 <<<019

欲速则不达 <<<020

明修栈道，暗度陈仓 <<<021

远在天边，近在眼前 <<<022

运筹帷幄之中，决胜千里之外 <<<024

采购 <<<026

雪中送炭 <<<026

轻车熟路 <<<027

挑肥拣瘦 <<< 029
巧妇难为无米之炊 <<< 030

运输 <<< 032
行云流水 <<< 032
黄耳传书 <<< 033
四通八达 <<< 035
南船北马 <<< 036
满载而归 <<< 037
飞刍挽粟 <<< 038
神运鬼输 <<< 039
八仙过海，各显神通 <<< 040

配送 <<< 043
风驰电掣 <<< 043
白衣送酒 <<< 044
通衢广陌 <<< 046
百川归海 <<< 047
城门失火，殃及池鱼 <<< 049

仓储库存 <<< 051
丝丝入扣 <<< 051
积简充栋 <<< 052
仓储库积 <<< 054
推陈出新 <<< 055
堆积如山 <<< 056
泥沙俱下 <<< 058
集腋成裘 <<< 059
仓腐寄顿 <<< 060
积谷防饥 <<< 062
陈陈相因 <<< 063
曲突徙薪 <<< 065
以丰补歉 <<< 066
积草囤粮 <<< 068
千仓万箱 <<< 070
各尽所能 <<< 071
井井有条 <<< 072
望屋而食 <<< 073
贯朽粟腐 <<< 075
疾如旋踵 <<< 076
未雨绸缪 <<< 077
马放南山，刀枪入库 <<< 078

包装 <<< 080
买椟还珠 <<< 080
表里如一 <<< 081
人靠衣装马靠鞍 <<< 082
金玉其外，败絮其中 <<< 083
驿寄梅花，鱼传尺素 <<< 085

装卸搬运 <<< 087
愚公移山 <<< 087

昼夜兼程 <<< 088
红旗报捷 <<< 090
兵马未动，粮草先行 <<< 091

供应链 <<< 094
浑然一体 <<< 094
风雨同舟 <<< 095
休戚与共 <<< 097
休戚相关 <<< 098
荣辱与共 <<< 099
各自为政 <<< 101
相辅相成 <<< 102
和衷共济 <<< 103
洛阳纸贵 <<< 105
厚积薄发 <<< 106
丹书白马 <<< 107
以次充好 <<< 109
唇亡齿寒 <<< 110
使智使勇 <<< 111
冰冻三尺，非一日之寒 <<< 113

古诗词篇

卖花担上，买得一枝春欲放。<<< 117
即从巴峡穿巫峡，便下襄阳向洛阳。<<< 118
折花逢驿使，寄与陇头人。<<< 119
太平莫道全无象，脱绣鸣铃传送花。<<< 120
人稀废古井，水退筑新桥。<<< 122
云中谁寄锦书来？雁字回时，月满西楼。<<< 123
远梦归侵晓，家书到隔年。<<< 124
年年战骨埋荒外，空见蒲桃入汉家。<<< 125
万艘龙舸绿丝间，载到扬州尽不还。应是天教开汴水，一千余里地无山。<<< 127
白河流水日汤汤，直到天津接海洋。我欲乘舟从此去，明朝便拟到家乡。<<< 128
大道南北出，车轮无停日。<<< 129

白日风尘驰驿骑，炎天冰雪护江船 <<< 131
一驿过一驿，驿骑如星流。平明发咸阳，暮及陇山头。<<< 132
云连阊节旌旗暗，水泛商船鼓笛浮。<<< 134
噫吁嚱，危呼高哉！蜀道之难，难于上青天！<<< 135
扬州锦绣越州醅，巨木如山写蜀材。黄鹤楼头望灯火，
夜深江北估船来。<<< 137
竹马踉蹡冲淖去，纸鸢跋扈挟风鸣 <<< 139
故人西辞黄鹤楼，烟花三月下扬州。孤帆远影碧空尽，
惟见长江天际流。<<< 140
一寸光阴一寸金，寸金难买寸光阴。<<< 141

闻道寻源使，从天此路回。牵牛去几许？宛马至今来。<<< 142
出窖花枝作态寒，密房拱火暖春看。年年天上春先到，
十月中旬进牡丹。<<< 144
云雨难亲，咫尺天涯，别是乾坤。<<< 145
六月鲥鱼带雪寒，三千江路到长安。<<< 146
夜静水寒鱼不食，满船空载月明归。<<< 149
还似旧时游上苑，车如流水马如龙。<<< 150
交语速装束，络绎如浮云。<<< 152
尔来盗贼往往有，劫杀贾客沉其艘。<<< 154
烽火连三月，家书抵万金。<<< 155
日月之行，若出其中。<<< 157
长河浪头连天黑，津口停舟渡不得。<<< 158
驿外断桥边，寂寞开无主。已是黄昏独自愁，更著风和语。<<< 160
东市买骏马，西市买鞍鞯，南市买辔头，北市买长鞭。<<< 161
花开堪折直须折，莫待无花空折枝。<<< 163

悬知寒食朝陵使，驿路梨花处处开。<<< 164
复恐匆匆说不尽，行人临发又开封。<<< 165
明朝驿使发，一夜絮征袍。素手抽针冷，那堪把剪刀。裁缝寄远道，
几日到临洮？<<< 166
云帆转辽海，粳稻来东吴。<<< 168
惊见羽书传昨夜。<<< 170
飞车跨山鹘横海，风枝露叶如新采。<<< 171

东望山阴何处是？往来一万三千里。写得家书空满纸。流清泪，
书回已是明年事。<<< 173
夜来城外一尺雪，晓驾炭车辗冰辙。<<< 175
窗含西岭千秋雪，门泊东吴万里船。<<< 176
羌笛何须怨杨柳，春风不度玉门关。<<< 177
西母酒将阑，东王饭已干。君王若燕去，谁为曳车辕？<<< 178
骏马能历险，力田不如牛。坚车能载重，渡河不如舟。<<< 180
廿里长街八码头，陆多车轿水多舟。<<< 181
两岸猿声啼不住，轻舟已过万重山。<<< 182
系舟身万里，伏枕泪双痕。<<< 183
城阙辅三秦，风烟望五津。<<< 184
一桥飞架南北，天堑变通途。<<< 186
残星几点雁横塞，长笛一声人倚楼。<<< 187
疾风吹片帆，日暮千里隔。<<< 188
宋家汴都全盛时，万方玉帛梯航随。<<< 190
海内存知己，天涯若比邻。<<< 191
几共查梨到雪霜，一经题品便生光。<<< 192
山根盘驿道，河水浸城墙。<<< 194

射人先射马，擒贼先擒王。<<< 195

仓充鼠雀喜，草尽兔狐愁。<<< 196

剑阁峥嵘而崔嵬，一夫当关，万夫莫开。<<< 198

金璧虽重宝，费用难贮储。<<< 199

六月禾未秀，官家已修仓。<<< 200

官仓老鼠大如斗，见人开仓亦不走。<<< 201

忆昔开元全盛日，小邑犹藏万家室。稻米流脂粟米白，
公私仓廪俱丰实。<<< 203

硕鼠硕鼠，无食我黍。<<< 204

心忧炭贱愿天寒。<<< 206

上张幄幕庇，旁织巴篱护。水洒复泥封，移来色如故。<<< 208

千锤万凿出深山，烈火焚烧若等闲。<<< 209

襟三江而带五湖，控蛮荆而引瓯越。<<< 210

踏破铁鞋无觅处，得来全不费工夫。<<< 212

问渠那得清如许？为有源头活水来。<<< 213

岂曰无衣？与子同袍。王于兴师，修我戈矛。与子同仇！岂曰无衣？与子同泽。王于兴师，修我矛戟。与子偕作！<<< 215

一发不可牵，牵之动全身。<<< 216

山中户户作梅忙，火齐骊珠入帝乡。<<< 218

极边官军守战场，次边丁壮俱运粮。<<< 219

成语篇

物流

跋山涉水

会计 101　刘卉

出处

《诗经·鄘风·载驰》：大夫跋涉，我心则忧。

《左传·襄公二十八年》：必使而君弃而封守，跋涉山川，蒙犯霜露，以逞君心。

解释

跋山：翻过山岭；涉水：用脚蹚着水渡过大河。翻山越岭：指翻过大山，蹚水过河。形容历经遥远路程的辛苦。

物流释义

跋山涉水这个成语在我们日常生活中经常见到，在各种场合也会用到，对于它的意思我们都不陌生，但通常不会把它和物流联系在一起。其实两者之间的联系十分紧密，甚至可以说用跋山涉水来形容物流行业是恰如其分的。我们网购的商品或者寄到异地的东西，都要经过一路跋山涉水，由于现在交通的发达，我们往往体会不到跋山涉水给人的最直接体验，现在遇到山，有飞机帮我们空运；遇到水，有货船帮我们水运，在陆地就更为便捷了，有公路、铁路、管道运输等。

跋山涉水很好地概括了物流过程，其中运输是最为主要的一环，很多人甚至以为物流就是运输，虽然以专业的观点看这是不完全正确的，但足见运输在物流中所占的比重之大。古代的跋山涉水确实是个体力活，因为用的都是脚力，现在随着科技的发展，交通越来越便捷。加之各种物流企业的服务越来越好，通常在几天内就可以将物品从一个城市运往相隔千里的另一个城市，设想一下，将一件物品从沿海城市运往西部城市，一路上要横跨整个中国疆土，其中越过的山水之多是古人难以想象的。

至于跨国运输就不仅仅是跋山涉水这么简单了，这个时空的距离更大，转运的程序也更为复杂繁多。现在物流行业的系统化管理及智能化操作，能有条不紊地及时送抵来往于各个城市甚至各个国家之间的物品。

总之，物流系统的发展及现代交通工具的便捷让飞机为我们越过山，让货船为我们蹚过水，让火车为我们穿越无人之境。于是我们便能轻而易举地得到千里之外的东西。

弹尽粮绝

会计 101　曹媛媛

出处

《晋书·沈劲传》：时冠军将军陈祐守洛阳，众不过二千，劲自表求配祐效力，因以劲补冠军长史，令自募壮士，得千余人，以助祐击贼，频以寡制众。而粮尽援绝，祐惧不能保全。

解释

弹尽：打仗时弹药用完；粮绝：粮食也吃完了。形容情况困窘，处境危急。

物流释义

通过对上述战争失败原因的分析，我们可以得出以下结论：在古代战争中，粮草和弹药的供应是否充足往往是作战能否胜利的关键。用现代物流的观点来说，如果将帅能够对粮草和弹药的采购、仓储、库存、运输等方面进行较好的管理，战争的结局也许能够反转。

例如，在决定作战之后，制订出具体的作战计划，对作战的时间、地点、进程等进行详细的预测和安排，并根据该计划将作战物资的采购、仓储、库存、运输等工作分配给不同的主管人员。

采购管理部门在依据作战计划确定具体采购对象和采购计划之后，建立供应商评价指标体系，对不同的供应商进行评价，从中选出最适合此次作战的供应商，并与之建立紧密的合作关系；通过建立激励制度和利益共享制度，使供应商能够尽力做好本职工作；通过建立信息交流和共享制度，使双方信息交流顺畅，从而保证粮草和弹药的供应充足。

仓储管理部门在作战地附近建立仓库，使作战物资能在适宜的条件下储存。在保证作战物资供应的前提下，最大限度地提高对仓储资源的利用率，降低仓储成本，从而使作战物资的运输距离最短、作业时间最省、耗费最少，达到储存多、保管好、周转快、安全节约、保障供应的目的。

库存管理部门要在现有资金、仓库面积、供应者政策等条件的约束下既满足作战物资供应的需要又使库存成本降到最低。该部门将作战物资按重要性进行分类，对弹药等重要的资源经常进行盘点，详细记录，严格控制库存，对相对不重要的资源进行一般管理，库存检查周期适当加长。由于库存管理部门的工作效率直接影响战争能否胜利，因此要对资源送达作战地点附近仓库的时间进行合理估计，对途中可能存在的突发因素进行考虑，以此作为决定追加订货数量的一方面，而将单位时间内需要作战物资的数量作为决定订货数量的另一方面。库存管理部门要保证追加的订货数量可以支持战争的进行。

运输管理部门要对作战物资送达仓库的方式进行选择，是水运还是马车要根据具体情况而定。该部门要能够处理突发事件，最大限度地保证货物能够按时送达。

如果开篇的战争能够对作战物资进行上述管理，相信其作战结果会有很大的改变。

朝发夕至

会计 101　王静

出处

［北魏］郦道元《水经注 ·注水》：或王命急宣，有时朝发白帝，暮到江陵。

［唐］韩愈《祭鳄鱼文》：以生以食，鳄鱼朝发而夕至也。

解释

早上出发，晚上就能到达目的地。形容路程不远或交通很方便。

物流释义

在交通并不发达的古代，交通工具大多为马匹或马车，其速度相对于今天的汽车、火车、飞机以及其他交通工具来说很慢，而朝发夕至说的则是早上出发晚上就能到达目的地，形容路程不远或者交通很方便。

物流的时效性就是要求及时地将物品按照需求运输到位，为客户节约时间。朝发夕至在物流中的表面释义无非就是当天订货、当天送达，而对于当今高速发展的物流业来说，当天订货当天到达已经变成现实，如当天送货在美国极为盛行。对于当今的物流来说，运输速度是物流发展的一个非常重要的因素。物流业获得竞争优势的方法有很多，其中最主要的便是时间，运输、生产、服务以及信息流动的及时性有利于物流公司获得更好的声誉。以如今非常普遍的网上购物为例，人们选择网上购物的主要原因就是方便、快速。而网购的发展离不开物流业的发展，人们要求的快速主要表现在物流，特别是快递业方面的时效性上，而人们评价物流的一个非常重要的因素就是速度。这是网店选择物流企业的一个重要方面，也是评价一家物流公司、判断是否与其长期合作的一个重要方面。因此，物流的时效性成了如今物流业发展的一个非常具有竞争力的因素。

与此同时，物流的时效性与朝发夕至的深层意义，即路程的远近以及交通的便利与否也有着极为密切的联系，运输的路程较短，则运输时间会相应地减少，表现为货物很快被运送到目的地，同样，一段交通良好的运输路程也会大大缩短时间。因此，提高物流业的时效性应该主要从路程和交通两个方面入手，首先在确定送货目的地之后，需要对可供选择的路线从路程长短和交通便利方面进行评价，选择一条在相对来说综合评价最高的路线，这对于提高物流的时效性具有重要意义。

一日千里

经管 101　卢皎

出处

《庄子·秋水》：骐骥骅骝，一日而驰千里。

《史记·刺客列传》：臣闻骐骥盛壮之时，一日而驰千里；至其衰老；驽马先之。

解释

指马跑得很快，一天能跑一千里，形容人较有才华可在短时间内有较大进步，现在形容人进步很快或事情发展极其迅速。

物流释义

一日千里指马跑得很快，一天能跑一千里，即传说中的千里马。随着时代的进步，这匹千里马出现了——物流！现在，物流的运送速度之快，不可不谓一日千里。而要做到如此之快的速度，靠马可不行！那么运输载体又是什么呢？主要是车、船、飞机、管道等，相应的运输方式还有公路、铁路、水路、航空和管道运输 5 种。每种运输方式都有自己特殊的优势和劣势，当进行运输决策时，管理人员必须结合每种运输方式的运价、速度、可得性、可靠性、运输能力和频率等来考虑。

为了实现一日千里的速度，又要压缩成本实现利润增大，运输方式的选择就显得愈加重要。运输方式的选择往往是多种运输手段的组合，能提高运输效率，这种组合运输也称“联运”。“联运”可以充分发挥每种运输方式的优势，达到为顾客提供速度更快、风险更小的服务目标。其中比较常见的组合有“鱼背运输”（水路与公路）、“驼背运输”（公路与铁路）。例如，将北京产的燕京啤酒运输到海南，该采取什么运输方式呢?答案就是“鱼背运输”，在北京采用集装箱公路运输至天津港口，然后搬运到船上水路运输至海南港口，再进行公路运输运至目的地。

一日千里形容人较有才华可在短时间内有较大进步，现在形容人进步很快或事情发展极其迅速。此时笔者不由得想起宅急送运营总监李武昌师兄讲的我国物流发展速度之快。

由最开始的物流概念引入，中国邮政的创立，到后面四大物流公司的进入，到宅急送等第一批物流公司的创立与不断摸索，再到现在的“三达一通”等群雄物流，我国物流已初显成熟，而且发展前景广阔。虽说只有短短的几十年，但发展速度也可谓一日千里。说到发展速度快，就像李武昌师兄所说，原因有很多，但主要有两点：一是有了欧美发展的前车之鉴；二是伴随着我国电子商务的快速发展，物流与供应链管理以惊人的速度发展。而物流也被评为中国有待振兴十大行业之一，可见物流这艘“船”已在浩瀚的大海中有了正确的方向!

知止不殆

经管102　孙泽宇

出处

《道德经》第四十四章：故知足不辱，知止不殆，可以长久。

解释

殆：危险。知道适可而止的人就不会遇到危险。旧时劝人行事不要过分。

物流释义

知止不殆，在物流上即指要防止对客户过度服务的问题。所谓过量服务，一方面指服务范围超过了客户的要求和希望，另一方面指在满足客户需要时，付出了过多的成本。

那么为何会出现过量服务呢？第一，企业对服务的认识出现了偏差。例如，客户希望能安静地吃饭，服务员却热情地问这问那。出现过度服务问题的原因主要在于消费者认为服务并非其所需要，仅仅把服务当成虚假不走心的笑脸相迎，这违背了服务最根本的理念。第二，企业的成本核算不够严格，如本应自取的货物却成了送货上门，这样成本就大大提高了。这是没有以总成本最低为原则处理服务与成本的关系所造成的后果。

要想杜绝过量服务，应明确服务的宗旨是适应顾客的需要。要将顾客的需求和期望作为服务工作的导向，将站在顾客立场上作为服务工作的视角。首先，将目标顾客分为关键、重要和一般三类，分别摸清他们对服务的预期，以及服务环节对他们的重要程度。其次，应该严格把控成本，以最低的成本获得顾客的满意。

只有杜绝过量服务的问题，才能使企业基业长青，这也是知止不殆的物流内涵。

车水马龙

金融 113　薛瑞坤

出处

［南唐］李煜的《忆江南·多少恨》：还似旧时游上苑，车如流水马如龙。

解释

车像流水，马像游龙。形容来往车马很多，连续不断的热闹情景。

物流释义

在物流中，对于货物而言，运输是指利用运输工具和运输设施，实现物资长距离空间位置转移的活动。这里，运输工具主要是指汽车、马车等。在运输过程中，车水马龙可以很好地形容运输过程中交通工具来来往往、连续不断的繁忙场景。

尤其是在每天凌晨之际，一辆辆卡车满载着新鲜的蔬菜，排成一条长龙，络绎不绝地进入蔬菜批发市场，为整个城市供应着每天必需的水果与蔬菜，否则我们根本没有机会吃到新鲜的蔬菜与水果。

在高速公路上，运送着各种各样货物的大卡车也在不停地穿梭于各地，为工厂运送原料，为商场运送货物，为电厂运送煤炭……高速公路堵车的时候，一辆辆大卡车连起来，就像一条一望无际的长龙，场面十分壮观与震撼。

运输在物流系统中发挥的重大作用有如下几个方面：第一，运输是生产与市场关系维系的手段。第二，运输是物流的动脉系统。企业的物流过程，即投入、生产、检验、存储和销售，都需要运输来连接。第三，运输是创造物流空间效用的环节。第四，合理的运输能有效地降低物流费用，提高物流速度，更好地发挥物流系统整体功能。第五，合理的运输可以加快资金流转，减少资金占用时间，提高物流的经济效益和社会效益。

可以想象，如果没有物流，社会一定会停止运转，人们的生活也会受到极大的影响。

与时俱进

会计 122　白宇晨

出处

出自 1910 年初蔡元培撰写的《中国伦理学史》。

解释

观念、行动和时代一起进步，从而发生一些改变。

物流释义

随着时代的发展，物流也从以前的传统物流向现代物流转变，并且这种发展是多方面的。从物流的整体活动角度看，传统物流重视销售物流与生产物流，现代物流则强调供应、生产、销售、消费等全过程；传统物流只注重运输、储存、包装、装卸、加工、信息等物流的构成要素所组成的系统的优化，现代物流则强调物流系统与其他经营系统所组成的大系统。从供应商管理的角度看，传统物流对待供应商的态度并不友好，传统供应商关系管理中往往选择较多的供应商，而对于供应商的选择则只是依靠采购员的经验判断，与每一家供应商是短期买卖关系，企业与供应商的沟通也仅限于采购部与供应商销售部之间，信息的交流仅限于订货、收货间的交流，企业为了降低成本会尽可能地压低付给供应商的价格；而现代物流中企业与供应商是一种长期合作的伙伴关系，一个企业的供应商一般只有固定的几家，这些供应商都是企业根据完善的程序精挑细选的，双方多个部门互相沟通，进行多项信息共享，并且企业给供应商的价格也都是共赢的价格，总之，现在企业与供应商的关系可以说是“一荣俱荣，一损俱损”。不仅仅是在制度方面，在技术方面，随着科学技术的日新月异，越来越多的高科技被运用在了物流行业中。如可以快速识别产品信息的条码自动识别技术，快速定位物品位置的 GPS 技术，帮助分析物流路线以及确定仓库位置的 GIS 技术，可以自动化识别、无须人工干预即可完成对物料的跟踪、运载工具和货架识别的射频技术等，这些技术在物流行业中的运用使物流效率有了极大的提高。

快马加鞭

会计 121　杨昊羽

出处

［明］徐姬的《杀狗记·看书苦谏》：何不快马加鞭，迳赶至苍山，救取伯伯。

解释

跑得很快的马再加上一鞭子，使马跑得更快。比喻快上加快，加速前进。

物流释义

为了实现物流的最低成本，在商品运输过程中就需要提高运输速度，而“快马加鞭”这个成语就隐含了有关降低物流成本的道理。古时候，马和马车作为最普遍的一种物流运输方式，马匹的质量和奔跑速度，直接决定了货物运输时间的长短，所以千里马才会那么珍贵。古代的物流系统比较简单，如果想要加快物流速度，则单纯地提高马车的车速即可。假设质量相同的两匹快马，第一匹正常行走，而第二匹对其施加一定的外力，如在它行走过程中规律性地给它几鞭子。结果显而易见，第二匹马会跑得比第一匹马快。这在一定程度上起到了降低物流成本的作用。

当今社会高速发展，对物流效率的要求也越来越高。以合理费用及时送达为原则是快速物流的关键。在物流并不发达的古代，快马加鞭不失为一种科学有效的物流管理方式。在其他条件相同的前提下，能够实现最大的经济效益。如今成熟的物流系统正是由于前人用类似“快马加鞭”这样的方法而不断完善和发展起来的。随着电子商务的日渐普及和强大，各行各业对物流供应链的需求越来越大，所以目前的物流也要“快马加鞭”，才能满足各行各业对物流的需求。

草船借箭

金融 122　王津津

出处

［明］罗贯中的《三国演义》第四十六回：用奇谋孔明借箭，献密计黄盖受刑。

解释

比喻运用智谋，凭借他人的人力或财力来达到自己的目的。

物流释义

仔细研究可以发现，诸葛亮的智慧相当现代——采购管理、库存管理、仓储管理、运输管理、包装、流通加工、搬运装卸等物流各方面的掌控十分精确。采购上，能借得别人的现成品而无道德风险全靠本事，采购成本为零；库存上，由于无原材料，最终产品得到后直接在运输工具上交货，船是向朋友借的，用完即还，库存成本为零；运输上，水运轻快便利，溜得快，运得也快，夜里有大雾大风，符合“天时地利”；包装加工上，草把子上装箭，作为物料搬运的材料，成本低，装卸时直接插拔收集，而每条船有五六千支箭，20 条船总共有 10 万多支，算得精确；装卸搬运上，第二天 20 条船靠岸的时候，周瑜派来的 500 名军士正好来到江边搬箭，不必给船安排停靠地点，事先也不必将箭移入仓库，与 Just In Time 模式类似。

草船借箭给我们的启示是，物流不能固定不变，曹操虽然精明，但由于不熟悉水路而作出错误决定，诸葛亮熟悉地形，借助天时地利，随机应变。更不用说现代化的手段如此发达，我们要眼观六路耳听八方，充分调动各方资源，作出合理规划。

量体裁衣

会计 132　段安琪

出处

《墨子·鲁问》：子观越王之志何若？意越王将听吾言，用吾道，则翟将往，量腹面食，度身而衣，自比于群臣，奚能以封为哉？

解释

按照身体尺寸裁剪衣服。比喻按照实际情况办事。

物流释义

物流管理的目标是“降低成本、提高效率、提高服务”，为了实现这一目标，在物流管理的各个环节进行合理规划，选择合适的管理方式必不可少。“量体裁衣”恰如其分地展现了物流管理各环节中对“合适”的要求。

所谓量体裁衣，即根据事物的实际情况进行处理，虽不一定是最好的，但应该是最合适的。采购是物流管理的起点。在采购管理中，“量体”，即了解企业的实际需要，“裁衣”，即选择合适的供应商、合适的采购数量能适当降低价格，合适的采购时间能保证供应又不增加库存，合适的商品质量能保证生产的质量又不过于昂贵。“量体裁衣”为实现以最低的成本为企业提供满足其需要的物料和服务的采购管理目标提供了保证。

仓储管理是物流管理中主要的研究对象。在仓储管理中，“量体”即需要判断仓库中储存物资的性质、仓库存在的主要目的，“裁衣”，即为不同种类的物资选择合适的仓储地点和形式。库存管理中的 ABC 分类法也体现了“量体裁衣”的思想：先根据价值等指标将库存分为 3 类，再根据每一类不同的性质选择相应的库存量。

此外，在运输管理中，要根据不同运输产品的特性来选择运输方式，以运输燕京啤酒到海南为例，根据啤酒产品不需要及时送达、长距离运输费用高的特点，可选择公路运输到天津港后沿海运输到海南，也是一个“量体裁衣”的过程。在配送管理中亦是如此，以节约法为例，根据各个目的地之间的距离确定最佳路线就体现出“量体裁衣”的思想。

由此可见，从采购管理中的 6R 原则，仓储管理中合适的仓储方式，库存管理中合适的库存量，到运输管理中的合理运输、配送管理中的配送合理化，无不体现着物流管理中不一定要最好、只要最合适的“量体裁衣”的思想。

完璧归赵

全融 142　朱淑仪

出处

《史记·廉颇蔺相如列传》：城入赵而璧留秦；城不入，臣请完璧归赵。

解释

本指蔺相如将和氏璧完好地自秦带回赵国。后比喻把原物完好地归还本人。

物流释义

古代的蔺相如将和氏璧从秦国带回赵国多有坎坷，其中展现了蔺相如过人的智慧与气魄，现代物流中的“完璧归赵”意思有所改变，但同样不易，更需要集结众人的智慧。现代物流中完璧归赵就是指在产品或商品的物权转移之后，物流服务行业要在约定期限内将其完好无损地送达到所有权归属人手中，而这也是其最基本的任务。其实做到完璧归赵并不简单，因为物品在从供给方到达需求方的过程中并不是简单的单件或少量的物品在空间上的转移，其中有许多不可控制或难以控制的因素，可能会导致快件发生延误、损毁、丢失等寄送事故。与物品完整性保护息息相关的物流环节有运输管理、装卸搬运与包装管理以及配送与客户服务管理等，最终消费者有直接感受的是物流通道中最后的环节，即配送与客户服务管理，“完璧”就是配送系统规划中的可靠性基本原则。现代物流的目标有三：成本低、效率高、服务好。物流服务行业要做到可持续发展，就要兼顾这三个目标，这是深为不易的。要清楚的一点是，对于消费者来说，物品能否“完璧归赵”是其最在乎的，也是其评价服务质量的最基本要素。这也给了快递企业一点启发，就是物流服务质量是发展的根本，因为它直接影响顾客满意度，进而影响企业的市场竞争力。综上所述，我们知道物品的“完璧归赵”其实贯穿物品从供给方到达需求方的整个过程，而且只有在三个目标的控制下整体有效地完成，企业的发展才能长远。同时，完璧归赵也是顾客评价商品和企业的最关键要素。

水泄不通

经管151　刘泽

出处

［宋］释道原的《景德传灯录》：德山门下，水泄不通。

解释

连水都流不出去。形容拥挤或包围得非常严密。

物流释义

简单来说，物流就是指“物的流通”，“流通”与“不通”刚好相反，正是由于“不通”，人们才想尽办法，采取各种途径实现“物的流通”。我国古代人们用比喻和夸张的修辞，把流通过程的不通畅说成连水也流不出去，即“水泄不通”。

“要想富，先修路”，运输的前提条件就是要有通畅的运输途径、先进的运输工具及技术，以防止道路拥堵、水泄不通等现象的发生。从古至今，中国人民为运输的发展做出了卓越的贡献：商代甲骨文中的“舟”字，可以说明当时已经出现了水运；东汉以后，运送货物时，车辆就被逐渐淘汰，马成为快递的主要交通工具，这叫“马递”；隋代开凿大运河以更好地实现水上运输、元代开近海漕运、开辟丝绸之路拓展了陆上物流的通道，对中国乃至世界都产生了深远的影响，这些事件都展示了我国古代劳动人民的智慧，早在几千年前就形成了完整的物流运输系统。

综上，水泄不通是从运输的角度来比喻物流发展中所遇到的困难。只有道路通，才能更好地实现“物的流通”。

供不应求

国经 091　白爽

出处

巴金的《忆觉醒与活动》：当时在成都新的书报很受欢迎，常常供不应求。

解释

供：供给，供应；求：需求，需要。指供应不能满足需求。

物流释义

供不应求本身的意思是指对于某些事物的供应不能满足需求，无论是在学习生活中，还是在课本理论中都可以经常见到。但看它的字面意思就感觉与经济学有一定的关系，而且在物流与供应链管理中也是经常可以用到的。供不应求和供过于求表达的是相互对立的含义。在物流运作中，随着不同的市场和不同的时间，二者经常交替出现。

消费者对商品的供求关系始终贯穿物流发展的每个阶段，物流是将消费者的需求与厂商的供给紧密连接起来的桥梁，发挥着至关重要的作用。

在产品生产阶段，现代企业倾向于将更多的资本投入生产非劳动密集型的高附加值产品。在以生产为导向的市场中，消费者的生活水平相对较低，对商品的需求仍不太高，此时产品物流阶段的管理特征是注重产品到消费者的物流环节，简单的物流便可以顺利完成消费者的需求，成功地完成各种商品运输过程。

随着时代的进步，经济不断发展，人们的各方面物质需求日益增加，难免会导致市场出现供不应求的现象。而为了满足人们的这种需求，物流方面必须有相关的人士发挥自己的创新思维，进一步有效地开创出更先进、更有效率的物流管理方法，促进物流的不断发展。

人们对商品的需求不断增加，如果物流方面做得不够到位，则很可能会导致供给难以及时送达消费者手中，造成信息的不畅通或者顾客的不满以及市场的不灵活运作。因此，一个良好的市场必须要有一个足够强大的物流体系做后盾，而供不应求的状况正好促进了物流与供应链管理的改进与创新。

如今，消费者的物质需求得到了进一步满足，但是，我国的物流中仍存在一系列供不应求的状况，其中最突出的应该是物流地产问题。

可见，物流与供应链管理中的供不应求状况还是很值得关注的，现在仍存在许多问题亟待解决，以进一步完善市场供应链系统。

任重道远

经管161　马红娟

出处

《商君书·弱民》：背法而治，此任重道远而无马、牛，济大川而无舡、楫也。

解释

担子很重，路很远。比喻责任重大，要经历长期的奋斗。

物流释义

物流的责任主要体现在两个方面：一方面，物流对于企业的生产和人民的生活至关重要。企业通过原材料的购买、产品的加工生产、产品的销售等各个环节构成一个流通体系，人类最基本的需求从最初的生活必需品到精神消费品，都需要物流体系的辅助，即物流对于生产和消费是必不可少的环节。另一方面，物流业对于国家经济至关重要。物流业是融合运输业、仓储业、货代业和信息业等的复合型服务产业，是国民经济的重要组成部分，涉及领域广，吸纳就业人数多，促进生产、拉动消费作用大，在促进产业结构调整、转变经济发展方式和增强国民经济竞争力等方面发挥着重要作用。这样看来物流的责任重大。物流的产生符合现代社会的发展，但物流业发展的同时又存在许多不足，如物流的成本太高，这一高成本体现在了生产产品的高成本里，所以为了更好地服务生产者和消费者，做好二者之间的桥梁，物流还需要继续探索更加有效的运作方式。

欲速则不达

经管141　尹雪晶

出处

《论语·子路》：子夏为莒父宰，问政，子曰："无欲速，无见小利。欲速则不达，见小利则大事不成。"

解释

如果一心只追求速度，忽视效果，就难以达到目的。

物流释义

物流与供应链管理的三大目标是降低成本、提高效率和改进服务。追求各个环节的速度提升固然重要，但仅仅追求速度的提升，忽视了成本与服务因素，仍然无法实现成功的物流管理。举例来说，目前主要的运输方式有公路、铁路、水路、航空、管道、集装箱运输以及多式联运等，其中航空运输的速度最快，是目前最快捷的现代化运输方式。然而为了追求速度快，必然会带来其他环节成本的增加。航空运输的运量小、耗能大、运费高等缺点使其无法满足所有的运输要求。因此，在选择不同运输方式时不能只考虑运输的速度快慢，而需要多方面综合考虑。

明修栈道，暗度陈仓

金融122　赵晓琛

出处

《史记·淮阴侯列传》。

解释

“明修栈道，暗度陈仓”这个成语在军事上的含义是：从正面迷惑敌人，用来掩盖自己的攻击路线，而从侧翼进行突然袭击。这是声东击西、出奇制胜的谋略。

物流释义

我们可以从成语本身含义抽离出来，以物流视角来看看这个成语对我们当今物流有什么启示。在这一成语中，我们发现，栈道和陈仓分别代表了两条不同的进军路线。一方面，刘邦以明暗为假象迷惑了敌人，转移了敌方注意力，实现了出奇制胜；另一方面，通过变换进军路线更好地达到了进军的目的。这是一场利用“路线”取胜的成功案例。当今物流发展迅速，物流不再仅仅局限于简单的陆路、水路、航空运输，不再仅仅是两点一线的过程，而是包括了当今社会各大产业链中“运输、仓储、包装、配送、信息传递、装卸搬运、流通加工”的各个环节，在任意一个环节上实现成本降低，效率提高的技术变革都会极大地促进整个物流业的蓬勃发展。而从此成语出发，我们可以找到提高运输环节效率的好方法，就是用“路线”取胜。第一，我们可以寻找耗时更少、成本更低的运输路线和运输方式以更好地贴合不同的物流需求。例如，生鲜食品有耗时更少的物流需求，那么成本方面的考虑就会弱化；而一般性质的产品在运输时对接收时间并没有很严格的要求，那么我们就可以选择合适的路线和运输方式来降低成本。第二，可以采用多式联运，充分利用物流节点的优势并充分调动多种运输方式，制定更为灵活、快速、经济的运输路线以符合物流需求。第三，水运和空运有很大的提升空间，节点公司如港口、码头、空港可以联合探索、开发新的水运航运路线，直接降低物流耗时，节省物流成本。这就是“明修栈道，暗度陈仓”在当代带给我们的物流启示。

远在天边，近在眼前

金融122　廖辰媛

出处

［清］吴趼人的《二十年目睹之怪现状》第七十九回：原来远在天边，近在眼前！无论如何，你总要代我拉了来的。

解释

形容要寻找的人或物就在眼前，也可以理解为人或物看似在很远的地方，其实距离很近。

物流释义

“远在天边，近在眼前”诠释了物流的职能与作用。物流的基本职能是实现商品的实体运动。当客户需要一个相隔甚远的物品时，物流可以在短时间内高效便捷地将其送到客户手中。“远在天边”是夸张的修辞手法，意指物品的供应地与接收地空间距离很远，而“近在眼前”则是物流在其中发挥作用后实现的。

物流是流通活动的一部分，通过将运输、储存、装卸、搬运、包装、加工、配送、信息处理等基本功能实施有机结合，实现物品从供应地向接收地的实体流动过程。

过去，人们的需求往往仅限于商户大批量的货物运输或者普通客户小批量的物品需要。传统物流几乎只关注到运输这个功能，如钢铁企业大批次通过水路、铁路将钢铁往外输送；普通客户需要邮寄包裹或重要信件等。这在一定程度上实现了物品“远在天边，近在眼前”的传送。

而今随着信息技术渐趋完善，电子商务开始融入人们的生活，为现代物流的发展提供了技术支撑和市场环境。在电子商务条件下，实现网上订购、在线支付后，关键是物流配送与信息反馈。伴随人们需求的扩大，物流涉及的范围也急速扩张。为实现“远在天边，近在眼前”，物流活动必须是环环相扣、缺一不可的。由于物品生产地与销售地之间存在时间和空间距离，所以运输成为物流活动的核心；然而商品生产与商品消费往往存在时间上的不均衡，因此物流的另一个关键就是各个网点的储存；加之物流中涉及的装卸、包装、流通加工、配送等，都为物品从“远在天边”转移到“近在眼前”做了铺垫。

供应商和客户接触到的只是物流的一部分。“只见树木不见森林”，从宏观来看，物流系统遍布大江南北，从微观来看，物流涉及的只是客户服务、信息反馈等微观问题。但无论是宏观还是微观，物流的每个环节都至关重要。现代物流的管理正是这些关键点的有机结合，辅以信息技术的推进，在发达地区甚至能达到朝发夕至的配送速度。

物流把距离遥远的物品送达我们身边，看似“远在天边”，实则“近在眼前”。物流让“远在天边，近在眼前”得以实现，减少了时间成本，拉近了空间距离，将世界连成一个有机系统。

运筹帷幄之中，决胜千里之外

金融 121　张娅娜

出处

［西汉］司马迁的《史记·高祖本纪》：夫运筹帷幄之中，决胜千里之外，吾不如子房；镇国家，抚百姓，给饷馈，不绝粮道，吾不如萧何；连百万之众，战必胜，攻必取，吾不如韩信。三者皆人杰，吾能用之，此吾所以取天下者也。

解释

运：运筹；帷幄：军用帐幕；千里之外：指战场。在小小的军帐之内作出正确的部署，能决定千里之外战场上的胜负。比喻做事前期准备充分，后期的工作就能顺利进行，也比喻很有才智的人无须上阵，只需做好前期的完善战略部署，就能够让事情获得成功。

物流释义

随着生产力的发展和需求的扩大，物流的含义不断丰富，物流的过程也在不断完善。现代物流早已不再是简单地将物品从供应地运输到接收地，而是更为注重对整个物流过程进行计划、执行和控制，将物流作为供应链的一部分，更加强调整体性和系统性，强调管理和决策。

企业要通过物流系统购入各种原材料和设备，并把产品销往全国各地甚至全球各地，覆盖的地理范围极广。要做到“决胜千里之外”，就要通过物流来达到降低成本、提高效率、提高服务并最终令客户满意的目标。正如古代兵法所说，只有“运筹帷幄之中”，才能“决胜千里之外”。企业要达到这一目标，就需要从物流与供应链的每一个环节进行统筹规划。供应商选择—采购计划制订—仓库的规划与布局—库存控制—运输方式选择一配送系统及路线规划，每一步的计划与决策都需要系统地规划而不是单纯地追求某一环节成本最小，最终达到整个系统成本最低。

对整个物流系统进行谋篇布局之后，还需要对每个过程在运行时的状况进行控制，现代信息技术的发展使对每个物流环节的控制变得简单可行。建立完善的物流信息系统，与整个供应链间的企业实现信息共享，通过信息分析市场动向，对每个环节进行实时控制，整个信息系统如同现代物流体系中的“大脑”，是我们进行统筹规划的中心。

采购

雪中送炭

会计 102　金丰

出处

［宋］范成大的《大雪送炭与芥隐》：不是雪中须送炭，聊装风景要诗来。

解释

在下雪天给人送炭取暖。比喻在别人急需时给以物质上或精神上的帮助。

物流释义

在古代，寒冷的下雪天气里，炭是人们取暖不可缺少的，可以说是顾客的需求。如何将炭及时送到需要的人手中，特别是在恶劣的气候条件下，就是物流需要考虑的问题。

如果能在大雪来临时，顾客能立即买到炭，不需要提前准备，就会十分方便，而这需要完善的物流供应链。天气是很难预测的，如果供应链完善，也不需要去预测天气，顾客随时随地就能得到炭取暖。这不仅可以减少甚至不需要库存，也能提高服务质量，让顾客感受到“雪中送炭”般的温暖，提高顾客满意度。这个思想与 JIT 采购相似。一切以顾客的满意度为标准，了解顾客的需求，将合适的产品在合适的时间送到目的地。

当然，实现这种模式离不开高效的信息交流和先进的运输设备，而且需要有效的供应链管理。要及时得知顾客的需求，离不开信息技术的运用；要使物品能在恶劣的天气下准时运到，离不开先进的设备；要使“炭”从生产到直接送到顾客手中及时准确、高效低成本，离不开完善的供应链。

轻车熟路

会计111　杨旭光

出处

［唐］韩愈的《送石处士序》：若驷马驾轻车就熟路，而王良、造父为之先后也。

解释

赶着装载很轻的车子走熟悉的路，比喻事情既熟悉又容易。

物流释义

从成语意义上看，我们可以从三个方面解释“轻车熟路”的物流含义：

首先，在采购管理中，供应商管理是非常重要的，为了降低交易成本，现代企业更倾向于选择合适的供应商并长久地维系这段合作关系，建立起供应链的利益共享机制，使供应商在供货中做到“轻车熟路”，这样既减少了招标成本，又节省了供货时间，生产流程会更加流畅、有保障。

在这方面的典型案例是JIT采购，它又叫即时采购。JIT采购模式的主要特点之一就是“单源供应或采用较少的供应商”，这也是JIT最基本的特征。试想如果企业的供应商很多，就无法在短时间内组织起来供货，中间信息传递就要浪费很多时间，根本不可能形成即时供应。而当生产企业做到每一种原材料或外购件都只有一个供应商时，也就实现了“轻车熟路”，供应商可以随时储备好货源即时供货，生产方可以减少组织时间，专心管理数量较少的几家供应商，从根源上保障采购质量。

其次，在仓储管理中，我们也要做到“轻车熟路”，从进货入库、储存保管到出库发送的过程中，都需要作业人员精确熟练的工作，确保每个人对自己的工作都“轻车熟路”，才能保障整个仓储活动的流畅运行，同时也减少了员工出错的概率，提高了工作的积极性。例如，在图书分拣中，作业的上游有专门工作人员扫描条形码，再由传送带分拣到每一个需求商的筐中，而在下游，又有专门的管理人员分管那些分拣筐，每当筐满时就要清理装箱。这两种工人各司其职，加上机器的精密运转才能保证分拣作业的流畅进行。而在仓库的建设上也秉承着“轻车熟路”的原则，现代自动化立体仓库的建设，利用机械的精密性以及电脑运转的快速高效，可以做到仓储管理高效。

最后，在配送管理中，从目前的格局来看，配送过程中一旦把配送线路、配送人员确定下来，就不会轻易更换。这样做就是为了实现配送的专门化，追求配送的合理化，还能在未来达到即时配送。同时，同一配送人员的设置不但能够节省培训、适应的时间，还能够提高服务质量，虽然每天服务的人不同，但快递员所服务的那一区域的人流却相对稳定，长期的服务可以培养顾客的依赖度，能够在配送中做到更人性化、更灵活，为与顾客的长期合作打下基础。总之，配送更离不开“轻车熟路”。

当然，随着物流的发展，在更多的分支以及细化上，专业化、熟练化作业的“轻车熟路”思想一定会在未来物流发展中发挥更大的作用。

挑肥拣瘦

电商161　陈锋

出处

［清］吴敬梓的《儒林外史》：像娘这样费心，还不讨他说个是，只要拣精拣肥，我也犯不着要效他这个劳。

解释

挑，选择；拣，挑拣。肥，肥肉；瘦，瘦肉。比喻挑挑拣拣，只要对自己有利的。

物流释义

采购是企业向供应商获取商品或服务的一种商业行为，企业经营活动所需要的物资绝大部分都是通过采购获得的，采购是企业物流管理的起点。

关于采购的理解：

①所有采购都是从资源市场获取资源的过程；②采购既是一个商流过程，也是一个物流过程；③采购是一种经济活动。简言之，采购是买东西，原则是花尽量少的钱买到好东西（包含服务）。

如果把供应商看成肉铺，把商品看成肉，那么采购管理中的确存在"挑肥拣瘦"的步骤。

挑肥拣瘦的含义是：只挑选对自己有利的。

首先要知道什么对自己有利，然后才能在众多供应商的众多肉块中挑肥拣瘦。如果采购只是买肉，那么采购管理就是为了不吃亏，在买肉前需做必要的计划、组织和控制。如果是一个人买肉，是不需要组织和控制的，最多就是货比三家，比较价格和质量。但如果是大批量的采购，如

100 斤、1000 斤、10000 斤的肉，因为不是用塑料袋就能提回家的量，所以需要人手，当工作人员数量大于等于 2 时，就需要进行组织和控制了，要控制交通费、搬运费、装卸费，最后还要对检测货物的损坏情况进行记录，对供应商进行评估。

“挑肥拣瘦”属于采购管理中的决策和计划部分，不涉及组织和控制，所以在某种程度上和个人购物区别不大，只是这个人有点斤斤计较，要求合适的供应商，把合适质量、数量的合适商品，在合适的时间送到合适的地点，当然，价格的合适也是重要的考虑因素。

所以，挑肥拣瘦是采购管理的决策和计划部分应有的态度，挑挑拣拣，只选择对自己有利的（这里“只对自己有利”并不是苛求供应商，从长远的角度来看双方都满意才是最好的结果）。

巧妇难为无米之炊

会计 092　段熠婕

出处

［南宋］陆游的《老学庵笔记》卷三：晏景初尚书，请僧住院，僧辞以穷陋不可为。景初曰：“高才固易耳。”僧曰：“巧妇安能作无面汤饼乎？”

解释

即使是聪明能干的妇女，没有米就做不出饭来。

物流释义

为什么妇人在做饭的时候会缺少米呢？因为她未能与米商（供应商）做好沟通，在她需要米的时候送到。这就涉及物流中的采购管理。采购管理（Procurement Management）是计划下达、采购单生成、采购单执行、到货接收、检验入库、采购发票的收集到采购结算的采购活动的全过程，对采购过程中物流运动的各个环节状态进行严密的跟踪、监督，实现对企业采购活动执行过程的科学管理。

为什么强调采购管理？毋庸置疑，采购管理在企业管理中占据着非常重要的地位，由于购进的生产要素一般会占到最终产品销售价值的40%～60%，这就意味着，如果能在采购上节约成本，将会在很大程度上增加企业的利润，甚至要大于企业其他成本，如销售领域内相同数量的节约给利润带来的影响。所以说，企业采购服务于生产经营活动，并且以营利为目的，由此决定了企业采购面临着采购风险和投入产出问题。如果企业不能及时地获得原料，不仅不能及时对产品进行加工，造成产品销售的滞后，影响销售收入，还会对企业的信誉造成一定影响，产品购买者会认为企业无法达到自己的期望而放弃企业产品，改选其他同类型商品。同时对前期投入的人工、设备费用等也会造成浪费，进而增加产品生产成本，使企业在市场竞争中失去价格优势。

综上所述，对于一家优秀的企业而言，首先应该重视采购管理；其次，在采购类型、供应商的选择上要进行优化；最后，根据既定的产出水平进行资金分配，规划好费用支出，并对采购计划进行评估，确定一个行之有效的采购方案。

采购管理的总目标是以最低的总成本为企业提供满足其需要的物料和服务。作为整个物流系统中的一个环节，做好采购管理可以有效地利用前期投入成本，提高企业效率，增强企业的竞争优势，对企业将来更快、更好地发展有极大的推动作用。

运输

行云流水

金融 093　孔力

出处

［宋］苏轼的《与谢民师推官书》：大略如行云流水，初无定质，但常行于所当行，常止于所不可不止。

解释

自然流畅，不受拘束，像飞行的云和流动的水一样。

物流释义

行云流水标志着物流中运输环节的理想状态。运输，是指利用运输工具和运输设施，实现物资长距离空间位置转移的活动。它是物流最基本的环节，也是最主要的物流活动。目前主要的运输方式有公路运输、铁路运输、水路运输、航空运输和管道运输，而在选择这些运输方式时，考虑的因素主要有三，即价格、运输时间和货物的安全（避免发生灭失和损坏）。目前运输过程最大的难题是海、陆、空等自成系统且又互不连贯的单一运输方式的衔接问题。由于目前技术、管理等方面的局限，在中间环节，特别是各种运输方式之间不能进行及时、流畅、有序的衔接，浪费了很多时间。这违背了现代经济讲究快捷的宗旨。显然，如果海、陆、空各运输系统之间能有效配合，无缝衔接，迅速转换，必然能节省大量的时间和金钱，提高物流企业的服务质量和效益。

运输方式切换应自然流畅、迅速简洁，达到“行云流水”的标准。

“行于所当行，止于所不可不止”，货物通过一种运输方式到指定的中转地点后，马上换另一种运输工具，调度周密，环环相扣，快而不乱，如空中的行云、河道中的流水，畅通无碍，这就是运输环节的完美状态。

“行云流水”的运输并不是遥不可及的梦想，它可以通过多式联运的完善与发展来实现。“多式联运”的全称为“多种方式联合运输”，即根据实际运输要求，将不同的运输方式组合成综合性的一体化运输体系，俗称“一票到底”。它是实现“门对门”运输的重要途径。

多式联运运行的基本前提是全程有专门机构（专人）负责以及统一费率，为了减少中间的装卸过程，一般采用集装箱运输的方式。多式联运是多种方式的合同式操作，采取分区段、多代理人操作运输管理的方式，具备科学、高效的运输组织与管理完善的运输信息系统。根据现代物流与供应链管理的观点，这种方式被称为“运输网络的无障碍连接”，采用“一体化”的运行方式，将各种运输方式组成一个统一的“物流输送系统”以消除运输过程中用于中转的时间损耗。

在一体化的物流输送系统中，货物能得到快速而安全的运送。毫无疑问，我们将从这种“行云流水”般的运输中获益。

黄耳传书

金融101　温宏坚

出处

《晋书·陆机传》：初机有俊犬，名曰黄耳，甚爱之。既而羁寓京师，久无家问，……机乃为书以竹筒盛之而系其颈，犬寻路南走，遂至其家，得报还洛。其后因以为常。

解释

黄耳，犬名。书，书信。黄犬为主人往返传书。后比喻传递家信。亦作“黄犬书”“黄犬寄书”“黄犬传书”。

物流释义

在现代，普通信件的邮寄可以通过邮政系统来实现，如EMS、平邮等。邮政系统也是物流系统的一种，既然是物流系统，就有运输与配送，就包含运输线路和物流基地等基础设施、运输的装备、运输的网络、运输的管理以及运输的信息系统这五大元素。

古代虽然也有“邮政系统”，但是系统的建设就远不如现代了，“黄耳传书”这一成语就能说明这一点。诗人陆机在京城当官，但是由于邮政系统的不发达，长时间不能收到家里的来信，后来发现自己的爱犬黄耳能将信件送达老家，就让黄耳担起传递家信的邮递重任。诚然，古代有专门的邮政建设——驿站，也有基本的物流基础设施、装备、网络、管理，但是建设与服务的水平较低，运输的工具仅限于驿马和驿车，运输的基础设施驿道也远不及如今的公路，基本没有运输的信息系统，而且驿站的服务范围很小，一般仅为官府紧急文件、官方物品急送或追捕疑犯服务，所以普通老百姓根本不能使用这一系统。

在这种情况下，古人家书的传递一般只能通过捎带的方式，物流效率极低，而且不能保证信件的最终投递送达。在这样的大背景下，“黄耳传书”的故事因克服了当时物流效率低下的问题才会被传诵至今。第一，故事中黄耳充当了物流系统中运输装备的角色，将陆机的家信送抵老家，这与“飞鸽传书”和“鸿雁传书”中的鸽子和大雁的角色是一样的，只是后者属于“空运”，而前者属于“陆运”。第二，故事中的黄耳很聪明，能摆脱当时现有的“物流通道”——驿道，自己“寻路”找到更加便捷的通道来往于京城和老家，邮递信件的效率很高。当然，就这个故事来说没有运输网络、运输管理以及运输信息系统可言，但是仅仅上面的两点，就能让人体会到黄耳的神奇和当时邮政系统的不发达。

四通八达

电商 161　徐月萍

出处

《子华子·晏子问党》：其涂之所出，四通而八达，游士之所凑也。

解释

四面八方都有路可通，形容交通极便利，也形容通向各方。

物流释义

运输是利用合适的运输工具和设施设备，将商品和服务高效地运送给客户，实现时间效应和空间效应，从而创造价值。运输是物流最基本的环节，也是最主要的物流活动。而物流所追求的目标在于高效率和低成本，四通八达正是物流高效率的基础。交通便利有利于运输，从而有利于物流的发展。发达的运输网络更能为未来电子商务 c2m 新模式打好基础。在传统的电子商务模式下，生产者和消费者是不接触的，生产者为了能够实现生产多少卖多少，只能提前做市场预测。随着商品经济的发展，用户对商品的品质要求越来越高，为了提升客户服务，也为了避免出现多生产导致浪费和少生产导致供应不足的情况，电子商务应运而生。通过电子商务，企业可以与供应商达成直接合作，省去中间批发商和中间商环节，联结生产者和消费者，一方面省去了各个中间环节的成本，另一方面通过网络拓宽销售渠道，更好地满足消费者的需求，实现“三赢”。当然，无论是传统零售还是电子商务，都是以高效的物流管理为支撑的。

南船北马

电商161　李贵城

出处

［唐］孟郊的《送从叔校书简南归》：北骑达山岳，南帆指江湖。

解释

①南方人善于驾船，北方人善于骑马。指各人均有所长。②指南北交汇之地，南人北上改骑马，北人南下改乘船。③古时候，南方水多，行旅多乘船；北方路多，行旅都骑马。

物流释义

从物流的角度来看这个问题，就不仅指人各有所长，更恰当的解释应当是："现代物流运输应当学会因地制宜，根据地形，结合运输物件运输条件需求，选择合适的运输方式。"近年来，我国的物流产业蓬勃发展，有效促进和支撑了一、二产业的发展，也成为我国经济发展新的增长点。

目前，铁路和水路运输的特点是运量大，单位运输成本低，但速度慢；航空运输是所有运输方式里最快的，但价格贵；公路方便，可以送货上门，却不环保，可靠性低；管道运输，一般只能运输液体、气体，不适合一般实物运输。企业在选择运输方式时，需要根据地形特点，结合运输条件需求选择适合企业自身的运输方式，以发挥其最大效用，从而大大减少运输成本。

近些年，随着经济发展，又催生了多式联运，即多种方式联合运输，集合了各种运输方式的优点。多式联运对现代物流提出了更高的要求，如何将海、陆、空自成体系又不连贯的单一运输方式更好地衔接起来成为多式联运研究的重点。多式联运的优势在于，节约了资金成本，能更好地分配运输空间，灵活性、可靠性都将大大提升。“南船北马”正是古代“多式联运”的真实写照，体现出中国人民利用自然发展生产的智慧。

满载而归

电商161　陈晨

出处

《管子·小匡》：诸侯之使，垂橐而人，𢹂载而归。

解释

满：满满的；载：装载；归：返回。装得满满的回来。形容收获很大。

物流释义

运输是指用特定的设备和工具，将物品从一个地点向另一个地点运送的物流活动。运输实际是一个资源配置优化的行为，能把东西送到需要的地方去，实现了资源的有效利用。但在运输过程中，资源浪费的现象普遍存在。其中一种非常严重的资源浪费现象就是回程中，运输工具和人员的不充分利用。在水运和铁路运输中，由于货物数量多，出发地和目的地较为固定，又有大型平台加持，满载而归的回程不在少数。回程资源浪费这种情况在公路运输中十分常见。

例如，山东烟台有一车苹果要运输到北京，北京有一车真空包装的烤鸭要运输到烟台。但是如果运输苹果和烤鸭的客户互不认识，就容易造成一种结果，一辆车满满地到北京去，空空地回到烟台；另一辆车满满地到烟台去，空空地回到北京。在这两段运输中，白白浪费了大量人力、财力和物力，造成社会资源的浪费。

而成语满载而归，则是对回程资源的有效利用，让车能满满地出去、满满地回来。在原来的公路运输中，成本的一部分是回程的浪费。如果卖苹果和卖烤鸭的，联系到了第三方公司或者平台，将信息进行公开互动，两家合作之后，运输费将减半。回程中原本被浪费的人力、财力、物力也能被利用起来，同时还减少了环境的污染，资源得到了有效利用。

解决此问题的关键点在于解决物流信息的障碍，在于第三方物流公司如何能够将需求信息进行共享和规划。在这个方面，滴滴的顺风车就做了很好的实践。滴滴将车主和与车主路线有重叠的乘客相匹配，车主与乘客约好时间后上车。在这项交易中，车主能补贴自己的一部分油费，乘客也能以低于市价的价格乘车，资源得到了利用，只是其中的安全隐患问题有待解决。笔者期待能有第三方平台，将运输需求的信息进行匹配，让货物也能搭上“顺风车”，实现资源利用的最大化。

飞刍挽粟

工商 1701　苏明泽

出处

《汉书·主父偃传》：又使天下飞刍挽粟。

解释

飞：形容极快；刍：饮料；挽：拉车或船；粟：小米；泛指粮食。指迅速运送粮草。

物流释义

物流是由“物”和“流”两个基本要素组成，是物品从供应地向接收地的实体流动过程。物流中的“物”是指一切可以进行时间和空间移动的物质资料，“流”是指时间和空间运动。在这个成语中，“粟”就是物流中的“物”，是士兵打仗所需的物资粮草，“飞刍”是指运送速度之快，就是“流”这个物理运动发生的速度。当士兵把国库中的粮草运送到战争所在地就是从供应地向接收地的流动过程。在运输过程中粮草要装袋，士兵要搬运到马车上，通过长距离的运送，粮食就屯在了军队的后方，这就是物流的运输职能、储存职能、包装职能和装卸搬运职能。

“挽”谓引车船也。这就是物流运输工具，车和船代表了两种不同的运输工具，也就是两种不同的运输方式——公路运输和水路运输。公路运输非常灵活，可以实现门对门的运输，但单位车辆的运量小，单位运输成本较高，对自然环境的影响较大，环境污染严重。水路运输的单位运输成本非常低，运输量最大，能源消耗低，一般适合不受时间限制的国际贸易，尤其适合远洋长距离运输；但灵活性和时效性均较差，中转环节较多，受自然环境的影响较大。成语中的“飞刍”形容了当时公路运输的速度之快，能够直接送达目的地，受条件约束较少，缺点是耗费人力较多。那个年代的水运速度和公路应该是差不多的，甚至比公路还快，不过水路运输无法实现“门到门”运输，还得依靠公路运输才能准确地到达目的地。

神运鬼输

工商 1701　高广志

出处

［南宋］陆游的《洞霄宫碑记》：一旦告成，金碧之丽光照林谷，钟磬之作声摩云霄，见者疑其天降地涌而神运鬼输也。

解释

形容运输迅疾。

物流释义

物流中的运输活动是指充分地运用各种工具和设备，改变物品的空间位置，将商品运送到不同区域。而在运输的众多考虑因素中，速率是无法忽略的一个重要因素。因为运输的速率不仅决定了运输所需要的时间长短，更在一定程度上决定了运输的成本。而神运鬼输所描述的正是运输速率之快如同借助了神鬼之力一般，快得令人难以置信。

降低运输时间也正是如今的物流公司、生产厂商都在追求的事情。物流公司或者生产公司一直致力于提升物流服务的运送速率，扩大业务量，但运送速率的提升也意味着成本增加。企业为了实现这种利益的最大化，有以下两种途径：一方面是通过运输优化，尽可能缩短物品在途运输时间，以加快物流速度。另一方面，可以减少不合理的运输活动，尤其是空载运输的情况，从而充分利用运输能力，节省能源支出，提高运输效率。而对于消费者来说，运输速率的提升也就意味着可以省去更多的等待时间，让商品更快地到达消费者手中。

八仙过海，各显神通

会计 092　马冲

出处

［明］吴承恩的《西游记》第八十一回：正是八仙同过海，独自显神通。

解释

八仙：道教传说中的八位神仙。比喻做事各有各的一套办法，也比喻各自拿出本领互相比赛。

物流释义

这个成语可以用来形容运输方式。运输是指利用运输工具和运输设施，实现物资长距离空间位置移动的活动。

运输工具主要有车、船、飞机、管道等，相应的运输方式也有铁路、水路、公路、航空和管道运输五种。这几种运输方式各有特点，各有优势，想要到达目的地，可以根据其特点选择合理的运输方式进行运输活动，即所谓的“八仙过海，各显神通”。

一、公路运输

优点：灵活性强，中间环节少，可以实现门到门运输，高速公路运输，平均技术速度较高，受地形、气候的限制小。

缺点：载运量小，消耗成本较高，安全性较差，受自然环境的影响较大，环境污染严重。

适用于短距离、小批量运输。

二、铁路运输

优点：①为长途的大批量物资运输，运输成本较低，能源消耗较少，速度中等。②受气候等自然条件的影响较小。③轨道行驶阻力小，且具有自动控制性。

缺点：物资的装卸过程烦琐，手段复杂且耗时较长，欠缺灵活性，无法实现门对门的运输，独立性较差，货损程度较高。适合在内陆地区运送中长距离、大运量、实践性强、可靠性要求高的一般货物和特种货物。

三、水路运输

优点：①运输成本较低，运输量大，是所有运输方式中运输量最大的，能耗低，能够实现大陆间运输。②投资省，不占用或少占用农田。

缺点：速度慢，中间过程烦琐，灵活性欠缺，受自然条件的限制较大。

适合于运距长、运量大、时间性不太强的各种大宗物资运输。

四、航空运输

优点：①运送速度快。②速度优势使航空运输适合运输对时间要求苛刻的产品，如鲜活商品和季节性商品。

缺点：①成本较高，能源消耗较大。②运量较小、投资技术要求高。③受自然条件的限制较大。

目前主要负担国内各大城市和国际旅客运输，以及报刊邮件和急迫、鲜活贵重物资的运输。

五、管道运输

运量大、占地小、建设周期短、费用低、安全可靠、连续性强、耗能少、成本低，但灵活性差。

主要用于石油、天然气的长距离运输。

每种运输方式都有自身的特点，适合于不同的运输，我们可以根据价格、时间、损坏等因素进行运输方式的选择，使其能“八仙过海，各显神通”。

配送

风驰电掣

金融161　张志强

出处

《六韬· 龙韬》：奋威四人，主择才力，论兵革，风驰电掣，不知所由。

解释

原意是让军队快速出击，又忽然下令改变进攻方向而停止前进。现在形容非常迅速，像风吹和闪电的速度一样。

物流释义

风驰电掣在日常生活中常常用来形容奇快的速度。这个成语与物流之间可谓息息相关，当代的物流需要追求的就是风驰电掣、镖镖必达的效果。

物流管理的核心与目标是降低成本、提高效率和改善服务，若从物流全方位职能做到“风驰电掣”就可以有效地促进上述目标的达成。物流的基础是运输，当代运输需要提高的就是不断地降低物件的在途时间，从经济学的角度来看，运输时间的机会成本是相当大的，当下物流配送行业竞争的焦点就是谁的速度更快。仓储管理是物流管理的核心步骤，提高仓储管理效率的一个关键点是加快物资的周转效率，试想所有物资在有序的前提下，都能够以风驰电掣的速度进出仓库，做到合理转运，物资的周转效率势必增加，仓储过程的效果和效益也会得到大幅提升。配送环节同样如此，我们常常感叹京东快递的“一日达”，有效提高配送速度，降低配送所需的时间不仅可以降低时间的机会成本，而且能在极大程度上满足顾客体验，提升顾客的信任度，这是对服务水平的改善。可以说，风驰电掣这个成语反映了现代物流发展的趋势，物流的七大职能都朝着这个标尺看齐发展。

同时，现代信息系统的引入对物流业发展也具有极大的贡献。纵览古今，传递信息的工具从之前的信鸽、电报到如今的光线电缆甚至未来的量子传输，现代信息技术的革新给信息的传递带来了风驰电掣般的进步。

还需要关注的是，在实现速度上风驰电掣的同时，还应该注意保证质量。现代物流比拼的不仅是谁的速度快，还在乎物流的质量水平，就像包装时要保证包装袋不破损，保证不错配、不毁坏。只追求速度，而忽视了质量保证，最终导致其失去了市场、失去了受众群体，就像捡了芝麻、丢了西瓜，得不偿失。

白衣送酒

会计 101　黄亚迪

出处

［宋］苏轼的《章质夫送酒六壶书至而酒不达戏作小诗问之》：白衣送酒舞渊明，急扫风轩洗破觥。

［清］洪亮吉《北江诗话》卷二：黄罗传柑之在元夜，白衣送酒之属重阳，以及曲江之三月三日，骊山之七月七夕，皆藉诗文得传。

解释

“白衣”后泛指送酒的人，也比喻遂心所愿。

物流释义

从物流的角度来看，该成语可以解释为，运送人是身穿白衣的人，他将酒这件物品从王弘处运往陶渊明的住处，这一送酒的特定流动过程属于物流活动。

具体而言，“物”指王弘送的酒；“流”是物理性运动，也就是将酒从王弘处向陶渊明家运送的这个运动过程。其间发生的物流活动有运输配送、保管和物流信息管理，运输配送和保管都是白衣人拿到酒之后保管酒的行为，物流信息管理是在重阳节这天，将王弘的这瓶酒送到陶渊明家。

物流主体包括：王弘、陶渊明和白衣人，运送过程中没有基础设施，供应商王弘指定配送人白衣者，酒在重阳节将送给用户陶渊明。在过去交通设施以及物流概念不明确的情况下，指定物品配送的王弘付给物流传递物品的白衣人，让货物酒在重阳节那天步行或者乘坐马车到达陶渊明处。这个配送过程既满足了时效性（即在指定的重阳节当天送达了货物），也满足了服务态度的最佳性（因为陶渊明很高兴地将酒收下并痛快地酌饮）。

这是一个单品种、小批量的配送过程，属于短距离的搬运过程而不是运输过程（当时也没有公路、铁路、航空和管道，而水路运输在短距离的平地运送中也不使用）。这里未提及物流的成本问题，值得一提的，这个成语提及了陶渊明在收到酒后高兴满意的态度，也寓意指自己所渴望的东西刚好被送到，说明这个物流过程的服务是令顾客非常满意的，即达到了及时性、可靠性和沟通方便的目的。

通衢广陌

金融 101　陈婷

出处

［唐］牛僧孺的《玄怪录·崔绍》：二使者押绍之后，通衢广陌，杳不可知际，行五十许里。

［宋］胡仔《苕溪渔隐丛话前集·东坡一》：譬夫善驭良马者，通衢广陌，纵横驰逐，惟意所之。

解释

通衢：四通八达的道路。广陌：大路。陌，田间小路，泛指道路。通衢广陌意为四通八达的大路和宽广的道路。

物流释义

通衢广陌涉及的与物流有关的内容涵盖配送管理和运输管理两方面。

一、配送管理

1. 从配送系统的构成来看，配送基础设施包含了运输路线和物流基地。首先，运输路线为公路、河道、管道等，而通衢广陌所表示的四通八达的大路和宽广的道路正是前面所述的公路，也可以很便利地铺设铁路、架设管道等。其次，通衢广陌的地理条件使其一般是各个支路的交汇点，也就是物流里面的基地或是节点，这里的交通最为快捷和便利，无论是人流量还是物流量都相当大。因此，通衢广陌之处最容易形成物流基地，物流中心和配送中心也适宜在此处集结。

2. 从配送中心的选址原则来看，为了降低运输成本和满足经营上的要求，交通条件是配送中心选址的一个主要因素。配送中心所在地应是在土地充足且无建设限制规定的区域，一般建在主要交通枢纽处。

3. 从物流园区的属性和区位来看，配送中心靠近交通干线，一般选在具有一定规模和综合服务功能的特定区域，可以有效充分地利用四通八达的交通条件，同时实现规模经济效益。同时，通达的道路更适合建立枢纽型物流园区，成为物流与配送网络结构上的重要节点。

4. 从物流中客服的因素来看，通达的道路为订单处理时间和备货时间的安排提供了保障，确保了客户服务中的时间因素和可靠性因素的实现。

二、运输管理

1. 从运输方式来看，首先，四通八达的大路和宽广的道路为公路运输提供了便利的基础设施条件，更有利于公路运输方式发挥其优势，如直达性和灵活性。其次，通达的道路还能为高速公路的建设打好基础。

2. 从合理运输的标志来看，四通八达的大路和宽广的道路能够使运输更为方便快捷，缩短了运输时间、减少了运输环节、提高了运输质量，为合理运输提供了保障。

三、与“九省通衢”对照

所谓“九省通衢”，是指武汉在地理上处于交通枢纽位置，形容武汉通向外界的交通非常便利。两个词语都包含了“通衢”二字，从对照的角度来说，也可以认为通衢广陌包含了交通枢纽的意思，且在此处的交通非常便利，极其适合物流业的发展。

百川归海

金融 103　李卉婷

出处

［西汉］刘安《淮南子·氾论训》：百川异源，而皆归于海。

［清］毛奇龄的《禹庙》：一自百川归海后，长留风雨在江东。

解释

川：河流。指无数河流最终从四面八方汇入大海，一方面比喻将无数分散的事物聚集到一起，另一方面也比喻大势所趋或众望所归。

物流释义

百川归海的比喻义恰似物流配送环节的集货功能。

“川”代表来自四面八方的分散的小批量物品，它们大多是个人发往外地的货物，有体积小、较零散、去向不集中的特点。这些货物可分为两类：一类是从各零散客户处收取上来，等待分拣，然后进入下一长途运输环节发往外省市的货物；另一类则是从其他物流分区发至我处，等待配送到具体收货地的货物。

“海”代表货物运输的目的地，即物流基地，也称物流园。对一个城市或地区来说，物流园是由政府规划、各物流企业及各企业配送中心提供基础服务设施以满足对城市或地区物流服务的一个区域，是具有一定规模，且能提供综合性物流服务功能的物流聚集处和集结点。对于一家企业来说，物流中心或配送中心相当于企业分散在各大物流园区的办事处，企业会依据地理位置及各区域资源配置情况在不同的物流园区设立配送中心或物流中心。配送中心是物流中心的一个分支，是一些大型商超旗下的货物集散地；物流中心则是独立企业，同一家物流企业分布在不同物流园的物流中心，具有不同的货物集散水平，这种水平的不均等影响了企业在货物运输路线上的选择。

“归”代表货物通过铁路、公路、水运、航空等运输方式被送往物流基地的过程。货物运输时需对运输方式及运输路线进行选择。对于运输方式的选择主要考虑运输成本、运输时间对货物的影响、货物本身特性的需求、运输路线的限制等。对于运输路线的选择，不能简单地选取距离短的路线，而应更多地考虑物流企业在各地的资源优势，选取资源配置最合理、工作效率最高的运输路线。

城门失火，殃及池鱼

经管 111　关雪

出处

［北齐］杜弼的《为东魏檄蜀文》：但恐楚国亡猿，祸延林木；城门失火，殃及池鱼。

解释

因为城门失火，所以人们纷纷到护城河中取水灭火，导致河流缺水鱼儿死亡。一般比喻因受连累而遭到损失或祸害。

物流释义

该成语主要涉及物流与供应链原理中的基本理论——“长鞭效应”。供应链中的“长鞭效应”是指由于信息不对称，终端消费者需求的微小变化会引起供应链上游企业生产的剧烈波动。在整个物流与供应链的流程中，大致可以分为消费者、零售商、批发商、生产商和原材料供应商几部分，在整个过程中，消费者的需求决定了上游产业的发货数量，为了节约库存成本，这个发货和库存是需要估计的。这样就产生了“长鞭效应”。消费者就好比城门，他们的需求的变动，会对后续的供应商产生不同的影响。

一般情况下，从供应链下游的零售商到上游的原材料供应商，信息越向上游环节传递，需求波动程度越会不断增大。这就导致了在整个供应链中有大量的库存，上一级的库存大于下一级的库存。在这样的“长鞭效应”下，企业为了控制成本，就要减少库存，寻找产生这个效应的主要原因。更新需求预测是导致长鞭效应的主要原因，也就是成语里所说的“城门失火”。成语中的“城门失火”可以理解为，上游企业会把其下游客户的需求波动信息作为本企业生产和需求的重要信号，调整自身生产计划，从而向上游企业发送订货需求，这样对该企业的影响就产生了，也就是“殃及池鱼”。

仓储库存

丝丝入扣

经管 101　张哲晰

出处

［清］夏敬渠的《野叟曝言》第二十七回：此为丝丝入扣，暗中抛索，如道家所云三神山舟不得近，近者辄被风引回也。

解释

意为每条丝线都从筘齿中穿过。一般比喻准确合适，有条不紊，丝毫没有偏差。

物流释义

物流的每个环节都需要细致谨慎，尤其是在仓储管理和库存管理中，为了提高效率，更需要丝丝入扣，物品的放置与管理丝毫都不能有差错。仓储管理就是通过有效的计划、组织、协调和控制，以低成本对仓库商品进行高效率管理。

仓储系统有 4 项要求：多、快、好、省。由此观之，在物品量十分庞大，货物吞吐非常迅速，既要保证货物的质量与安全，还要节省费用提高效率的情况下，让每一件货物的位置、品质、各种信息都被明确地了解是十分必要的了。

物资接运、验收入库、保管养护、出库、发运等都应该遵循严格的制度，按照单据仔细录入计算机，妥善处理。库存会占用企业大量的物力和财力，严重增加了企业的各项成本。所以，各个企业都在努力满足生产与销售需求的基础上，合理控制库存，尽量降低库存数量，力争做到零库存。科学技术是第一生产力，在仓储管理方面也应采用高科技。物流企业可以在库存品种数量管理方面采用物资编码技术、EDI 技术、RFID 技术、WMS 系统等提高管理效率，同时，做好储位规划与管理工作，使物品与货位相对应，录入电脑，这样就方便对货物的监控和调查，比人力检查要轻松很多。及时地进行货物情况了解不仅能明了自己的存货实力，还能得出库存压力，应根据 ABC 法则进行调整、安排和操作。如今，有实力的企业均应用了十分先进的现代自动化立体仓库，不需要人力进行仓库的各项操作就能实现全自动化的管理和控制，不仅节约了人力，减少了人力成本，还降低了货损率，这是非常符合“丝丝入扣”标准的，值得大力推广。

在物流中，零不良、零故障是广大厂商的追求，做到丝丝入扣，及时了解每个产品的状态并进行调整能够降低误差，提升服务水平、提高效率，从而为物流的其他环节提供有效保障！

积简充栋

金融 101　赵汉青

出处

［清］方苞《万年宝历颂》：窃惟我皇上盛德崇功，嘉言善政，虽积简充栋，未能殚尽。

解释

意为书简堆积，充塞屋子。一般形容著作很多。近义词：汗牛充栋。

物流释义

“积简成栋”和物流中的仓储管理似乎存在一些联系。

将书简堆放进屋里，并充分利用房屋空间以将屋子装满的这个过程，涉及物流管理中的仓储活动。书简充当了物资的角色；而屋子则充当了仓库的角色。如果要更深入地分析这其中的仓储原理，则可以从仓库作业过程管理的几个步骤来一一阐释。

首先，从书简的入库来说，为了方便今后的翻阅查找，则需要按照“分区分类作业”的原则将各类书简合理分类，或是按照作者姓名，或是按照写作的时间顺序等，科学、系统地对“货物”进行分类与编码。

其次，从书简的储存保管阶段来看，要想将整个仓库都堆得满满当当，可不是一件容易的事。这涉及仓库的规划与布局设计的知识。根据物资保管的原则，堆放书简时需要考虑到仓库的平面布置，如是选择直接将书简堆在地上，还是选择将书简放在货架上进行储存。如果放在地上，怎样放置才算合理并易于取放；如果放在货架上，那么货架要怎么摆放才能既充分利用空间又便于人们在屋内行走。这些问题都需要考虑。如果只是杂乱无章地将书简乱扔进去，仓库的容纳量将会大大减少，并且对于书简的查找会造成巨大的阻碍。

最后，从书简的出库阶段——查阅某本书简时——来说，想要轻松迅速地找到所需要的书简，就需要井井有条地放置。用完之后，为了方便以后的查阅，还需要将书简按照编码放回原处。此外，定期对书简进行检查，看看是否存在损坏或缺失也是必不可少的工作。

除此之外，我们还要考虑到储存合理化这一方面，即储存的数量、时间、条件是否合理。比如数量，如果一个屋子的空间已经不够装入更多的书简，就不得不考虑再找另一间适合仓储的仓库；再拿自然条件来说，书简属于竹制品，在潮湿的环境中容易变质腐烂，这样在仓储管理中是十分不好的。因此在进行仓储管理时，要采取一定措施保持仓库的干燥，同时要保证周围没有易燃物或火源，以防书简被焚毁。

总而言之，要想做到“积简成栋”，以上所提到的有关物流管理的操作都是不可缺少的。否则，仓储系统的多、快、好、省以及安全等基本要求就得不到满足，仓库进出库和储存保管就会存在很大的问题。

仓储库积

金融 103　张路遥

出处

［北宋］曾巩的《瀛洲兴造记》：是日大雨，公私暴露，仓储库积，无所覆冒。

解释

仓储：仓库中储存的粮食或其他物资；库积：库存物资。指仓库中储备的粮食和库存物资。

物流释义

“仓储库积”涉及物流管理中的仓储，仓也称为仓库，是存放物品的建筑物和场地，具有存放和保护物品的功能；储是收存以备使用，具有收存、保管、交付使用的含义。仓储是物流中最主要的活动，具有储存和保管货物的功能，同时也可以有效平衡供需，一般与运输、装卸搬运、包装、流通加工等共同发挥作用。在构建仓储系统时，需要以多、快、好、省、安全为基本要求。多即储存多，就是要尽量提高仓容利用率，不造成资源浪费；快即提高周转率，不积压货物，尽量减少货物占用空间和时间；好即保管好，就是要保证储备品的质量、减少不必要的消耗；省是指降低库存量，节省库存费用；安全，即人、财、物等不遭受损害。

一个企业仓储管理得好坏直接关系到企业的采购、生产与销售活动，进而影响企业的产品成本和质量，已经成为企业成功的关键因素之一。因此，企业要想在激烈竞争中取胜，需要不断完善仓储管理。因仓储管理不当，无论是剩余储备还是保险储备，抑或是周转储备，都会造成巨大的损失。高效的仓储需要根据企业的人力、物力、财力，考虑存储产品的特性，对仓库选址、仓库布局、仓库管理等进行合理和综合地规划，以达到最优仓储。严格正确的仓储管理是必要的，在仓储管理中，企业应根据存放商品的数量、品种和类别进行有针对性的管理，统一存储空间的商品之间应注意互容性，一般情况下不同温度、会发生物理和化学反应的货物不应放在同一区域。在仓储时，还应考虑特殊商品的属性，保证货物的完好性，降低损耗。例如，粮食等怕湿、怕潮，在储存时应充分考虑到这一点，配备防水防潮的设备。仓储中，除了对货物进行质量管理，还要进行精确的数量管理，需要安排专门的人员对货物进行出入库管理，定期盘点物品。

推陈出新

金融 113　李晚心

出处

［宋］费衮的《梁溪漫志·张文潜粥记》引东坡帖：吴子野劝食白粥，云能推陈致新，利膈养胃。

解释

本意是新的粮食谷物成熟的时候，把仓库中旧的谷物去除掉，换上新的谷物储存起来。后引申为对旧的文化进行批判继承，剔除其糟粕，汲取其精华，创造出新的文化。

物流释义

“推陈出新”在物流中体现了库存管理“先入先出”（First In First Out，FIFO）的管理思想。库存管理是现代物流与供应链管理的有机组成部分。与仓储不同，库存管理强调存储与时间，因此总目标有两个：第一，保障供应，即保障货物的供应，不缺货；第二，降低相关成本。对于企业来说，推陈出新，除了保障供应，还得降低成本，真正做到增加供应链条的附加值，让企业减少无谓的损失。库存管理就是要满足企业各项物资需求的同时，降低企业成本，实现企业客户双赢。

基于以上两点，“先入先出”原则在保证一定的货物储存的基础上，较好地避免了货物积压问题，满足了库存管理降低成本的要求，适用于物料部管理的所有物料。

“推陈出新”中，所谓“陈”，是指仓库中入库时间较早或生产时间较早的货物；“新”是指入库时间较晚的货物。在这里，“推陈出新”反映的就是货物出库时要考虑货物的入库时间或生产日期，发出物料时要按照物料入库的先后顺序或生产日期，将先入库（先生产）的物料先发出去，后入库（后生产）的物料后发出去，以免存在不当的积压，即遵循“先入先出”的存货原理。

实际生产运营中是以生产日期和保质期优于入库日期进行存货管理的，即当货物的入库时间一致时，要以货物的生产日期为准，即优先将生产日期早的货物出仓。

堆积如山

会计 111　曲佳琦

出处

［宋］孟元老的《东京梦华录·外诸司》：每遇冬月，诸乡纳粟秆草，牛车阗塞道路，车尾相衔，数千万辆不绝，场内堆积如山。

解释

聚集成堆，如同小山，形容极其多。

物流释义

堆积如山有两种形成方式，一种是物的自然堆积形成；另一种则是与物流中的库存管理与控制有关。库存对于任何一家企业来说，都是有利有弊的，优点是可以获得大量购买的价格折扣；可以防止因价格风险、政策风险、延迟交货、突发状况等导致企业经营风险的发生；可以提高对客户服务水平进而提高客户满意度；大量运输还可以降低单位运输成本。但企业大量的库存也有一定的缺点，如会占用大量的资金增加机会成本，增加企业的管理成本，还会掩盖企业的众多管理问题，降低物资的使用效率，如计划不周、采购不力、生产不平衡、市场销售不力、回款不及时等。

如果某一家物流公司的货物长期堆积如山，那么笔者认为，库存给这家公司带来的将会是更多的弊端。这说明这家公司需要进行有效的库存管理，否则会影响物流的效率。对于库存的控制管理，通常来说有定量订货法、定期订货法和 JIT 库存控制方法等。笔者认为企业应当根据自己的货物价值、状态需要的时间等多方面的因素综合考虑，合理地选择恰当的方法。例如，对于存货价值高的，所需管制程度会更严格，订购时间随机，所需要的安全存货较低、耗用金额大、订购量固定的货物选择定量订货法会比较好，而对于货物价值比较低、耗用金额小、订购时间固定、所需安全存货较高的货物，用定期订货法会比较好。如果一个企业的库存状况真的到了堆积如山的程度，笔者认为这样的货物也许价值并不是很高，可能用定期订货法进行管理存货会比较好。用这种方法，就要求企业的管理者随时关注库存的下降速度，进而确定订货的周期，让企业的库存真正得到合理有效的管理。

导致企业库存堆积如山的另一个原因可能是物流不畅通，在货物的运输方面出现了问题。例如，在课堂上我们看过的视频中讲述我国的粮食存在局部堆积如山的问题。事实上，我国粮食的年产量很大，但每年却要从国外进口大量的粮食，一个很重要的原因就是粮食产地的交通运输不畅，运输条件差，运输成本高，每一次的运输量太有限，而且想要找到合适的交通运输工具也很困难，需要各种手续以及存在运输业中的各种潜规则。如果是这样，除了企业需要想办法解决堆积如山的问题，还需要国家出台一些相应的政策，保障企业货物运输的畅通，避免“有物不流”的现象发生。

泥沙俱下

会计 112　康若薇

出处

[清] 袁枚的《随园诗话》卷一：人称才大者，如万里黄河，与泥沙俱下。余以为，此粗才，非大才也。

解释

泥土和沙石跟随水一起流下来。比喻好坏不同的人或事物混杂在一起，一同显现出来，显得杂乱无章。

物流释义

在库存品种数量管理中，我们采用与“泥沙俱下”相反的方式进行管理。如果我们采用“泥沙俱下”的方式，即将不同品质的货物混杂在一起管理，则会降低库存管理效率，提高管理成本。在库存管理中，我们对各种不同的货物进行归类，使其系列化、标准化，其后使用物资编码以及 ABC 分类方法，最终实现科学的重点管理。

在物流与供应链的管理中，库存管理是十分重要的部分。使用 ABC 分类方法，可以对货物进行差别化处理，达到压缩总库存量、释放被压缩的资金、使库存结构更加合理化、降低管理成本等成效。采用品种数量管理的办法，还能够为后续库存控制管理提供便利。由于前期已对货物品种进行了 A、B、C 等级的划分，所以就可以根据货物品种选择合适的定期订货法或定量订货法，使库存管理环节实现效益最大化。

集腋成裘

会计 121　李宜娇

出处

《慎子·知忠》中言：故廊庙之材，盖非一木之枝也；粹白之裘，盖非一狐之皮也。

解释

腋：腋下，指狐狸腋下的皮毛；裘：皮袍。指狐狸腋下的皮毛虽少，但聚集起来就能制成皮衣。比喻好的东西积少成多。

物流释义

集腋成裘指好的东西积少成多。这种观念违背了现代物流中库存管理的理念。库存是企业在日常活动中持有以备出售的产成品或者商品、处在生产过程中的材料、物料等，这些物资也称为存货。现代物流以提高服务质量、降低运营成本手段，追求合理库存甚至零库存为目标。而好的东西（即产品）越积越多则表明了库存管理不合理导致库存过量，造成了大量不必要的库存费用。企业好的库存管理能够保证生产的顺利进行，调节供需矛盾，创造商品的时间效用和附加值，降低物流成本。要达到这些目标，就需要企业既要防止缺货，避免库存不足，又要防止库存过量，在二者之间寻求最佳的平衡点是非常重要的。

库存控制管理主要有以下几种方法：①E. O. Q 库存控制模型；②定量订货法；③定期订货法；④JIT 库存控制方法。

不同的库存控制方法适合不同的企业、存货，应区别对待。而库存管理的最优结果便是零库存。零库存是追求一种无库存，或者库存达到最小的生产形式，是一种库存最小的理想状态。它基于在精确的时间把准确数量的物料送达指定的地点，以便使库存成本最小。这样不仅可以改进质量和减少浪费，更不可能出现集腋成裘的现象。具体操作如下：

充分利用第三方物流服务。库存成本不能消灭，但是可以转嫁，采用委托第三方物流服务的方式，近乎实现零成本，主要是使其物流只存在于运送过程中，而不存在于仓库中。

推行配套生产和分包销售的经营制度，常常运用于制造业。配套生产和分包销售是基于物的结构搭配性和流程连续性来使其库存成本近乎为零。

实施库存集中管理。由企业的指定部门对企业库存物资统一安排、统一指挥、统一调度，进而进行总量控制以达到既保证企业的物资供应，又能使库存最小化的目标，实现库存资源信息共享，提高企业的应变能力和应急事故处理能力。只要遵循上述理念和方法，企业在库存管理方面就不会遭遇集腋成裘的状况。

仓腐寄顿

金融 122　任凌秀

出处

［宋］文天祥《正气歌序》：仓腐寄顿，陈陈逼人，时则为米气。

解释

仓腐：在仓库中腐烂的东西；寄顿：储存。意思是仓库里储存的陈米已经腐烂。

物流释义

仓库里面的陈米即为仓库的货物，由于储存时间过长，没有安排好合理的储存时间或由于储存温度、湿度等因素，造成了货物的变质损坏。这种情况在现在的物流仓储管理中是很典型的事例。

作为仓储的第一大功能，储存合理化成为第一考虑因素。现在的科学技术水平大大提升，可以针对储存物品的特性配备相应的设备，以保持储存物品的完好性。例如，在保存粮食时，针对其易变质腐烂的特性，可对仓库的地质、地理、湿度、温度、通风、光照、能源、防火防盗等安全条件进行合理地规划。此外，储存物品的品种结构也要合理化。一定要选择符合市场需要、适销对路的品种，保证库存的商品都能在不太长的时间内销售出去。特别是粮食这种保质期较短的物品，一旦成为“死库存”就可能面临全面损失。另外，储存数量合理化也很重要，根据市场的需求量和仓库的可承受量合理配置，储存数量太少会造成缺货，粮食太少对社会经济生活影响巨大，易引起社会动荡，但储存数量太多又会占用资金，增加保管费用和库存风险。因此，储存数量一定要合理。还有，储存时间合理化也很重要，储存时间过长，超过物品的保质期，物品就失去了原有的使用价值而成为废品或次品，正如粮食，超过一定的保质期就会腐烂不可食。

21 世纪的物流已经增加了许多科学技术辅助仓储管理。例如，仓储温度湿度管理、金属的防护与除锈、霉变和虫害的防治、冷冻冷藏技术等。大量科技手段的运用可以将粮食的腐烂变质率降到最低，大大提高了粮食的储存时间和质量水平，减少了损失。我们相信只要规划，就能做好仓储的管理工作，使仓腐寄顿的情况不再发生。

积谷防饥

金融 131　楼超华

出处

《敦煌变文集·父母恩重经讲经文》：书云：“积谷防饥，养子防老。”

解释

各户人家各自储存粮食，以防备饥荒。

物流释义

这一成语本意是指各户人家各自囤积粮食，以防备饥荒。后来随着社会的发展，也用来指国家以集体的名义建立粮仓，贮藏粮食，来应付一些意外情况的发生。此成语涉及仓储管理与库存管理相关的知识。

仓储管理分为三个层面：仓储系统的布局设计、库存最优控制以及仓储作业操作，下面就这三方面来讲述“积谷防饥”这一成语的物流释义。就仓储系统的布局设计而言，要储存粮食，首先要有存放粮食的地方，这就涉及“仓库选址”问题。首先，为了保证粮食的质量，粮仓应建在地势高爽、隔热通风、坚固抗震的位置，同时设有防虫防鼠的装置。其次，出于粮食集散的需要，仓库应建在交通便利、运输成本低的地方，以保证各家各户在需要（饥荒）粮食的时候能得到及时补充。同时，还需根据每个家庭不同的粮食需求来确定仓库离各户人家的远近。另一方面，仓库内部的布局也要仔细考量，需要方便清理、存取便捷，并且粮食的码放也应充分利用仓库空间，从而节约成本。

就库存的最优控制而言，需要库存的主要原因是缓解供给和需求之间的矛盾，即一旦出现饥荒，粮食的需求量急剧增大，市场就会出现供不应求的情况，所以需要提前储存粮食，以调节供需平衡。但对于粮食的囤积量需要特别注意，太少起不到有效弥补粮食短缺的作用，太多又会出现存货积压，导致粮食不能变现或者家庭的粮食需求得不到充分满足，同时也占用了人力、物力去管理粮食仓库，还要面临粮价下跌和一些如火灾、被盗等意外情况发生的风险。笔者认为粮食的储存应采用定期订货法控制库存量，因为粮食的收获本身具有季节性，不能做到随时补充，且粮食需求的波动也不会很大，农户不需要浪费大量时间在盘点库存上。另外，笔者认为仓库里的粮食也应该按照入库的时间进行分类，来年使用的时候应先将旧粮用完再考虑新粮。同时，当多户人家共用一个仓库存放粮食时，也应标清各家粮食的范围，做到严谨有序，避免发生纠纷。

就仓储作业操作而言，当各家存放粮食时，仓库应该明确记录粮食的数量和品质。后期随着粮食不断地进出流动，应随时记录清楚各户人家的流进流出量。当粮食进入仓库后，应由专人负责保管和养护仓库，定期码垛清理，保证粮食的质量。

综上所述，"积谷防饥"与物流中的库存、仓储的概念紧密相关，种种管理措施也是为了使存储的过程更加高效和节约。

陈陈相因

金融 132　李根

出处

［西汉］司马迁的《史记·平准书》：太仓之粟，陈陈相因，充溢露积于外，至腐败不可食。

解释

原指皇仓之粮逐年增加，陈粮上面压陈粮。后比喻沿袭老一套，没有创造和革新。

物流释义

一、概述

当说起“陈陈相因”这个成语时，大多数人都知道它具有墨守成规的含义，却很少有人知道这个词语的出处来自古代粮食储存问题。西汉初年，由于战乱不止，农业经济遭到了严重的破坏，刘邦采取一系列措施来发展农业经济，使得农业生产突飞猛进。后期，汉文帝和汉景帝仍坚持这个既定的国策，因此粮库里积压的粮食太多，仓库容纳不下，只好露天堆放，许多谷粒因腐烂而无法食用。史学家司马迁用此成语原本是来形容汉武帝初期经济发展、人民富足的状况，但也反映出汉代在粮食管理方面的问题。

太仓是由国家直接管辖的粮仓，在全国粮仓体系中居于核心地位，负责天下谷物的收储及调度，主要用于供给皇室消费、官吏俸禄、军事用粮、传食用粮和赈灾等。这体现了太仓的储存和保管功能、调节供需功能以及流通配送加工等功能，所以太仓的管理问题侧重于从物流管理的角度出发，强调合理化和经济性，属于仓储管理问题。

二、存在的问题

太仓没有达到仓储系统“多、快、好、省”的基本要求，而出现“陈陈相因”的情况，主要原因是：仓库布局规划不合理、储存保管措施不到位和定期盘点作业不及时。

1. 仓库布局规划不合理。仓库的规划设置是储存管理中最基本、最重要的环节，直接影响仓库资源的配置能力。但是太仓在建仓时未考虑到农业未来的发展前景，导致后来农业发达、粮食富足但输出较少时没有相应的仓库规模来储存粮食。

2. 储存保管措施不到位。物资保管最主要的工作就是要维持储存物资的使用价值不变，但是由于粮食储存期太长，质量缓慢变化的聚集大而引起了质量指标的改变。同时粮食露天堆放也反映了太仓的储存环境不当、保管条件不合适，最终使粮食发生霉变。

3. 定期盘点作业不及时。定期盘点有利于及时、准确地掌握储存物资的准确信息，把握储存物资的保管期和完好性。因此，定期盘点作业是非常有必要的。但是太仓在管理过程中没有做到及时盘点，使陈粮没有得到及时清算和处理，并且新粮与陈粮混杂，没有区分保管期，整体品质下降。

三、改进措施

1. 储存条件和储存数量合理化。要根据已有的数据信息和对未来变化情况的预测建立数量合适、完善合理的保管场所。考虑到仓库的地质、地理条件及温度、湿度等能源条件进行合理规划，同时减少资金的占用，也要尽量避免因储存粮食数量太少而影响供给和消费。

2. 储存品种结构合理化。一方面，太仓要根据中央粮仓的实际需求合理储粮，要选择符合皇室消费、官吏俸禄发放需求的品种，与地方粮仓合理分工；另一方面，粮食品种要尽量规范标准，方便调配发放，保证库存品种都能够在不太长的时间内出库，不会因为品质、年份等问题滞留。

3. 储存和保管时间合理化。要合理控制存储的时间，储存时间不能太长，防止陈粮不断积压，并且要降低保管成本和提高粮食的周转率，以提高存粮的保管质量和效率。

4. 提高保管技术。对于粮仓而言，要重视仓库温湿度管理以及霉变和虫害的防治，根据质量变化规律采取物理、化学等多种方式进行调节和防治。

曲突徙薪

会计 152　王涓

出处

《汉书·霍光传》：今论功而请宾，曲突徙薪亡恩泽，焦头烂额为上客耶？

解释

曲：做动词，弯曲；突：烟囱；徙：迁移；薪：柴火。指把烟囱改建成弯的，把灶旁的柴草搬走。比喻消除可能导致事故发生的潜在因素，防患于未然。

物流释义

古代的厨房里面囤放大量的柴草，可以看作是家庭的仓库。在仓库的安全隐患中，火灾是最不可忽略的。防止火灾的发生，最重要的是切断火源与易燃物的联系。

“曲突徙薪”就是从这个角度出发的。把直的烟囱变弯，使灶膛的火苗无法逸出烟囱落到房顶上，火苗便不会引燃房顶的茅草而招致火灾。同理，厨房的温度很高，灶头的明火也较为强烈，而柴草本身较为干燥也极易被点燃。若柴草太过于靠近灶门，干柴遇上烈火，便会引发火灾。把柴草搬离灶门，远离烈火，自然就不会被点燃，也就不会发生火灾了。

仓库是物资最为集中的地方，保证仓库的安全尤为必要，日常生活中常见的做法除了以上提及的切断火源与被燃物的联系，还包括在建筑物间设置防火间距，把明火作业场所布置在常排放可燃蒸气的下风方向，在库区内也可以多种绿植以避免扬尘。

小到家庭厨房，大至军用粮仓，仓储的安全得到保障，物流才能跟得上。

以丰补歉

经管151　王雨珊

出处

毛泽东《做革命的促进派》：以丰补歉，很有必要。

解释

把丰年积余的粮食囤积起来，留待灾年粮食歉收时使用。

物流释义

以丰补歉可以体现一个国家的粮食仓储管理思想，即重储思想。在丰收的时候储备粮食以应对国家的不时之需。

我国早在先秦时期就形成了重储理论和思想，先秦诸子已形成了所谓的重储思想并且将仓储问题政治化，把仓储思想同国力、权力及社稷安危联系在一起，作为国家的战略进行施策，并且将其升华为国家、社稷、民生乃至治国之策。荀子在《富国篇》中提到“足国之道，节用裕民，而善臧其余”，将仓储问题和富国联系了起来。春秋时期在齐国任宰相的管子的名言“仓廪实而知礼节”明确表述了一个国家的稳定和社会的和谐需要物质基础。“积储备荒”论、“积储备战”论等理论从各个角度论证了“重储思想”。而且当时对如何实现这一思想还进一步引发了对于“国储”“民储”两种储备模式的认知。这说明当时重储思想的研究已经到达了一定深度，并且深入到了制度层面。

古代的仓储实践和管理也有可取之处，集中表现为建立了储备制度。粮食专仓储备制度是古代重要资源管理的一项重要内容。这个制度创于春秋战国时期，在不断地改朝换代、政权频繁更替的时期，各个朝代相继实行这个制度。隋唐时期已经形成了“资储遍于天下”的局面。到了唐朝时期，粮食的仓储管理制度趋近于达到了完善的水平。

时至今日，我国政府仍然注重粮食的储蓄。保证食物供给、确保粮食安全是我国重要的农业政策目标。2014 年，中央一号文件提出了要“把饭碗牢牢端在自己手上”。粮食储备率是粮食安全的一个重要衡量标准。粮食的储备不能像其他工业品一样追求零库存，而应该保持在一个适度的范围内，既可以应对粮食歉收的紧急状况，又能够及时地稳定市场。因此，在如今国民温饱已经基本解决的情况下，我国仍要关注粮食的储备。

积草囤粮

会计 151　谢槟

出处

［清］钱彩的《说岳全传》第三十五回：蜂屯蚁聚施威武，积草囤粮待战争。

解释

积：积累；囤：囤积。指储存粮食和草料等战备物资。

物流释义

一、仓储的目的

粮食问题是一个国家的根本。在中国古代，众多的人口和耕地的缺乏是农业发展面临的问题之一。除了从农业本身的发展去做调整，还可以从粮食储存方面着手。自然灾害无法避免，且其对百姓甚至整个国家来说都会带来巨大的灾难，百姓生活得不到保障，从而引发社会种种问题，导致国家形势紊乱。若此时敌国攻来，国家就很有可能也很容易被一举击败。而粮食的储存可以在一定程度上较好地应对自然灾害给百姓生活带来的不便和损失，仓储的存在即使不能完全保证能解决全民饥荒，也能从一定程度上稳定民心，让百姓相信国家有为他们做事、有为他们考虑。所以仓储的目的之一就是为应对自然灾害做准备。

“兵马未动，粮草先行”，粮食储备是古代战争最重要的物资储备。虽然平时将士也会消耗粮草，但与战时消耗的粮草并不是一个数量级的。毕竟打仗时各将士体力消耗大，相应的所需粮草的量也会增加。为了保障战士们的后勤工作，提前准备粮食、草料是很有必要的。

我国古代仓储除了为应付战争、灾荒做储备，还有为了将漕运来的粮食保管起来，供皇室、吏官和百姓日常消费。

二、仓储的功能

1. 平抑物价，稳定市场。粮食生产情况从古至今都难以估量，市场供需不仅和消费者需求相关，也和粮食丰歉有关。市场上供需的不平衡会直接影响粮食价格，为了调节这种不平衡，仓储出现了。当自然灾害或者战乱等引起粮食价格上涨时，国家会将平日储存的粮食以平价卖出，从而压低价格。当粮食收成大好，市场供过于求时，为避免“谷贱伤农”，国家会以平价购买粮食，储存起来。由此对市场起到稳定、调节的作用。

2. 赈灾备荒，安民固本。自然灾害对国家的影响不仅是经济上的，还有政治上的。国家的成败除了与统治者有关，还与百姓有关。自然灾害使百姓生活受损，为了适时救济百姓，安定社会，统治者必须重视仓储，重视饥荒给政治带来的巨大影响。

3. 仓储的选址。战时的粮仓其选址一般要远离主力部队，且要选择易守难攻之地。打仗时，部队不是静止的，如果粮仓紧跟部队，就会消耗大量人力、物力。并且打仗的地点一般就在某一地带，找个易守难攻的地方建仓，既方便管理，又可统一调送粮草。

日常的粮仓管理一般注重两个原则：一是方便运输，二是便于存放。合适的存放环境，可以让粮食不易发热、发芽，不易腐烂，延长粮食的保质期。粮仓存放环境除了天然的，还有自建的。中国古代的粮仓种类有很多，知名的主要有西周的陇东粮仓和隋朝的含嘉仓，其以特制的储粮环境或方式让粮食的保质期延长了不少。

千仓万箱

会计 102　柳荻

出处

［东晋］葛洪的《抱朴子·极言》：千仓万箱，百一耕所得。

解释

形容粮食收成好，仓库储存的粮食非常多。

物流释义

一提到“千仓万箱”，很快就会联想到“仓储管理”。仓储管理的基本要求就是多、快、好、省、安全。其中，“多”是排在第一位的，千仓万箱，形容储存的粮食非常多。

粮食的储存在古代有着至关重要的作用，现代物流的仓储系统也可以在历史长河中找到蛛丝马迹。据史料记载，仓储制度自夏朝开始成为国家的一项重要制度，后面历朝都十分重视，仓是存粮之所，贮粮以备不时之需，被视为“天下之大命”。

从传统意义上讲，我国古代仓库的基本用途有以下几点：

首先是储存。储存就是将粮食保管和存起来，供皇室、吏官及人民日常消费和以备不时之需。“民以食为天”，千百年来的农耕社会，粮食的作用极其重要。

其次是储备。储备就是为了应付战争、灾荒及突发事件，“兵马未动，粮草先行”，粮食在作战中占据着极其重要的地位，因此，粮食的丰厚储备更是一国作战的根基。

同时，仓储还有市场调控的功能。粮丰时收进入仓，粮缺时出仓粜粮赈灾，不至于价格飞涨，影响市场稳定。

由古代的粮食仓储，也能映射出今天物流过程中仓储管理的重要作用。当前仓储管理在储存功能、保管功能、调节供需功能等方面都得到了极大的体现。中国历史悠久，物流故事汗牛充栋。“物流”一词虽是现代名词，但物流活动在古代早已存在。我们在学习现代物流的时候，也可以回顾一下历史，也许会从那厚重的历史中发现闪光点，指引我们进一步深入学习。

各尽所能

会计 092　唐甜

出处

《后汉书·曹褒传》：汉遭秦余，礼坏乐崩，且因循故事，未可观省，有知其说者，各尽所能。

解释

各：各自；尽：用尽；能：才能。各自尽自己的能力去做事情，充分发挥自己的特长和施展自己的才华。

物流释义

此成语指各人尽自己的能力去做，把自身的能力毫无保留地展示或贡献出来，好比物流中的仓储管理，通过合理规划库区，对库存进行分类保管，建立保管秩序，对物品进行管理，实现物得其所，库尽其用，物尽其用，各尽所能，降低仓储成本，实现仓储合理化。

仓库按照不同的分类方式也可分为不同的类型，在仓储管理中，要根据货物的特点对仓库进行合理的运用，以达到各尽所能、物尽其用。

在进行仓储管理时要遵循“效率原则、经济效益原则、服务原则”，分区分类作业按照“性能一致、养护措施一致、作业手段一致、消防方法一致”的原则进行分类，具体方法有“按货物的种类和性质、按货物的危险性质、按货物的发运地、按仓储作业的特点、按仓库的条件及货物的特性”。为了方便仓储管理，要对货物进行货位编号，合理进行货物分类与编码。

仓库存储规划的目标即为物得其所、库尽其用、各尽所能、物尽其用。要求充分发挥仓库的最大功能，降低储存成本。按照库存货物的相关特性划分类别，根据各类物品储存量的计划任务，结合仓库、装运货场地、起重运输设备的具体情况，确定各库房和货场的保管储存方案，进行分区分类规划。仓库货区布局根据物品特定区分分类储存。仓库货区的布置分为平面布置和空间布局，平面布置的形式主要包括：横列式布置、纵列式布置、混合式布置和斜向式布置。空间布局的主要形式有就地堆码、货架存放、加上平台空中悬挂等，其中使用较多的是货架存放。

井井有条

金融 081　廖渝媛

出处

荀况《荀子·儒效》：井井兮其有理也。

解释

井井：整齐有条理的样子。形容条理分明，整齐不乱。

物流释义

物流的要求之一是经济性，这不仅是费用上的经济，也体现在时间上的经济。“井井有条”形容做事条理分明、整理不乱，这恰恰为物流上有效率的目标创造了条件。具体来说，在物流方面，井井有条这个成语在仓储管理和库存管理上都有所体现。

在仓储作业的过程中，要求对货物进行分区分类作业，货位编号，并且进行货物分类和编码。这些作业就形成了仓库中货物的井井有条，方便对货物进行查找、维护保养和复核。

分区分类作业的原则是性能一致、养护措施一致、作业手段一致、消防方法一致。分区分类作业是按货物的种类和性质、货物的危险性质、货物的发运地、仓储作业的特点和仓库的条件以及货物的特性进行作业，这样便于对某种特质一致的货物进行同样的管理和维护，以提高工作效率和安全性。

货位编号要求标志设置适宜、制作规范、编号顺序一致、段位间隔恰当，对仓库内储存场所、库房和货位都进行编号。这样逐级编号下来，货物的排放秩序井然，多而不乱。在货位编号的基础上，再对货物进行分类和编码，要求科学、系统、使用、可扩、兼容和唯一。这种标准科学的方法，使货位在仓库中井井有条，有利于物流的仓储作业和其他作业。

井井有条在库存管理方面也有所体现。库存管理中物料编码和 ABC 分类法使对物料的管理井井有条，为发挥库存的优点提供了保障。

在库存作业中对物料进行编码，增强了严密性，统一报表管理，确保了传递信息的准确性，也更好地适应了电子化的要求。

望屋而食

金融 092　徐楚楚

出处

《史记·秦始皇本纪》：然陈涉以戍卒散乱之众数百，奋臂大呼，不用弓戟之兵，鉏耰白梃，望屋而食，横行天下。

解释

指军行不带粮草，随处就食。

物流释义

“兵马未动，粮草先行”，在古代作战中，粮草无疑是决胜的一个关键变量，通常在作战之前就已经做好充分的筹备，在作战过程中也要进行周密的运输和储藏管理。与此相反，“望屋而食”就是不带粮草，到有人烟的地方随处就食，放在陈胜、吴广身上，是一个不得已而为之的举动，但从现代物流与供应链管理的视角看，却对应着一种先进的“零库存”管理思想。

零库存管理的基本原则是“按订单生产”，即追求一种无库存或者是库存达到最小的生产方式。零库存管理具有以下优点：

第一，零库存可以减少物资的库存成本。零库存管理使包括保管费、人员工资与福利费、装卸搬运费等在内的库存保管费用有效降低，利于防止物资下跌，也能减少管理不善导致的物资意外损失，提高了物资管理效益。第二，零库存可以减少对财务资金的占用。第三，零库存可减少物资二次转运和配送费用。

但与此同时，零库存管理也有一些缺点：

首先，零库存管理对供应链的要求很高，一旦供应链被破坏，或企业不能在很短的时间内根据客户需求调整生产，企业生产经营的稳定性就会受到影响，经营风险加大。其次，为了按订单生产不产生库存积压，无法定时定量大批采购，会丧失一部分与供应商还价的能力。

因此，要实施零库存管理，应当具备以下几个条件：第一，整条供应链上的各个企业必须协同合作。第二，充分利用第三方物流提高配送效率，节约运输成本。第三，建立适当的管理信息系统。

对于陈胜、吴广的起义军来说，“望屋而食”不占用他们过多的资金，同时节约了粮草筹集、运输和保管的成本，使其在人力、物力、财力匮乏的条件下仍得以“横行天下”。当然，深得民心从而使沿途百姓愿意与其“协同合作”，提供粮食，也是其策略得以成功的重要因素。

贯朽粟腐

会计 151　岳会

出处

《史记·平准书》：汉兴七十余年之间……京师之钱，累巨万，贯朽而不可校。太仓之粟，陈陈相因，充溢露积于外，至腐败不可食。

解释

穿钱的绳子朽断，仓库的粮食腐烂。形容富有之极。

物流释义

我国古代仓储管理与现代仓储有很大的区别。

我国古代仓库的基本用途有储存、储备和平抑物价。储存是指把粮食存放在仓库中，以供皇室、官吏以及人民的日常使用；储备是指为应付战争、自然灾害等突发事件而把粮食提前保存起来；至于平抑物价，则是指丰收储粮、歉收放粮，以此来稳定物价和市场。

但是，古代仓储的管理理念仅仅停留在确保货物数量准确、质量完好，很多时候对于仓储的态度是货物储存得越多越好，这样不仅会浪费大量的人力、物力，而且很容易造成货物因长久堆积而变质腐烂的局面，得不偿失。

相比之下，我国现代的仓储业与信息技术紧密相关，强调“零库存”管理理念。零库存的核心是“按需生产”，根据订单直接采购相应的原材料进行生产，尽最大可能减少仓储费用，从而降低总成本。

疾如旋踵

经管161　慕天媛

出处

［唐］冯用之《机论》：一得一失，易于反掌，一兴一亡，疾如旋踵，为国家者可不务乎？

解释

旋踵：转动脚跟。快得就像转动一下脚跟。形容变化很快。

物流释义

“疾如旋踵”一词包含了物流的库存管理原则。在物流的库存管理中，其总目标为保障供应和降低成本，在保障供应的前提下，会尽可能减少库存成本以寻找最佳的平衡。库存的业务包括入库、出库、存货调拨，以及存货盘点。库存成本覆盖各个业务流程，包括订货、保管、缺货、补货、进货、购买都会产生成本。总费用最小化是库存成本管理的目标，要树立“零库存”的指导思想，追求准时化的采购、生产、配送和销售，实现原材料的高效流通，提高生产活动的管理效率。

“疾如旋踵”般的零库存高效管理原则在“JIT 库存控制方法”中得到了很好的体现。20 世纪 70 年代，日本丰田公司最早提出了 JIT，意为准时战略（Just In Time），通过根据订单采购原材料，达到几乎不积压原料和半成品的目的，从而实现了零库存。它的实现方法主要由充分利用第三方物流服务，推行配套生产和分包销售的经营制度，实施库存集中管理以及直接面向需求的采购模式而构成。该方法使各企业发挥了各自的专业化优势，构建了企业之间的供应链条，开拓了企业间资源信息共享平台，提高了企业的灵活应变能力，从订货、保管、出货等方面实现了整体业务水平的效率提升，使物流生产得以有效进行。

“疾如旋踵”同样是供应链条件下库存管理思想的体现。在供应链下使用联合库存管理，以风险共担、利益共享的合作思想，为实现零库存管理、准时精细化的供应提供了条件。

未雨绸缪

金融 161　张嘉彤

出处

《诗经·豳风·鸱鸮》：迨天之未阴雨，彻彼桑土，绸缪牖户。

解释

绸缪：紧密缠缚，引申为修缮。意思是趁着天没下雨，先修缮房屋门窗。比喻事先做好准备工作，预防意外事情发生。

物流释义

在物流管理中，与“未雨绸缪”本意最为贴近的是库存管理，词语中的“雨”指代满足需求的产品。

库存在物流活动中的分类多种多样，以产品的生产状态分类可分为原材料库存、在制品库存、成品分销库存等，不容置否，库存是物流过程的重要结构之一，是供应链条承上启下的重要一环。而库存管理是一种根据外界对库存的要求、企业订购的特点，预测、计划和执行补充库存的行为，并对这种行为进行控制的管理活动。由此可见，库存管理与“未雨绸缪”强调事先做好准备工作的思想不谋而合。库存具有防止涨价、政策的改变以及延迟交货等情况发生的优点，能够避免由于紧急情况发生造成停产的损失，这也正体现了“未雨绸缪”以预防意外发生的管理目标。当然，从反面来看，“未雨绸缪”的库存工作也有其劣势，无形之中会增加企业的产品成本和管理成本，企业本身存在的一些问题也会因做到“未雨绸缪”而被掩盖，无法得到真正的解决。

此外，从整个物流与供应链管理的视角来看，“未雨绸缪”也是保证管理工作有效的必备之举。在对整体物流链条进行管理的过程中，管理方案的制定、功能网链结构模型的构建，在某种程度上都是在做“未雨绸缪”的工作——提前安排好流程以实现工作有序、高效，提前预知可能的风险并做好防备。

毋庸置疑，“未雨绸缪”是实现最大化效率，最小化成本目标的有效保障。

马放南山，刀枪入库

会计 131　沈周奕

出处

《尚书·武成》：王来自商，至于丰，乃偃武修文，归马于华山之阳，放牛于桃林之野，示天下弗服。

解释

本意为把马放回南山，把武器放入仓库。意为没有战争，不用武器；和平麻痹，解除武装，不做戒备。

物流释义

这个成语提到了把马放回南山和把刀枪放入仓库中，体现了物流中的仓储的思想。从物流管理的角度来看，仓储管理在物流管理中占据着核心地位。在没有战争的时候，把装备都收起来放好。虽然这个成语已经演变成了形容思想麻痹的行为，可是其中蕴含的物流思想仍值得我们思考。如何做到合理地存储，在战争来临时在有限的时间内调出足够的马匹和刀枪去应对战争。也许是定时定点和抽查式并存的方式去盘点库存，也许是及时给马喂食、洗澡，经常带它们去练习奔跑，这些方式或许都能有效地提高仓储的效率和质量，但这些都是过去的事情了，我们不得而知。我们需要学会如何在有限条件下改善仓储管理，在受运输能力约束的条件下，寻求最优的库存方案，如布局设计、数量和规模的最优控制、提高运作效率等方面，使物流达到总成本最低，以促进企业提高客户服务水平，增强企业的竞争能力。

包装

买椟还珠

金融092　孟梓敬

出处

《韩非子·外储说左上》：楚人有卖其珠于郑者，为木兰之柜，熏以桂、椒，缀以珠玉，饰以玫瑰，辑以羽翠。郑人买其椟而还其珠。此可谓善卖椟矣，未可谓善鬻珠也。

解释

椟：木匣；珠：珍珠。买下木匣，退还了珍珠。比喻没有眼力，取舍不当。

物流释义

这个成语关于物流的表现有两点：一点是库存管理的ABC法则；一点是合理包装，避免包装过剩。

在“买椟还珠”的典故里，楚人将盒子做得精美无比，这是包装过剩的表现，现代社会里中秋月饼的奢华包装也与此类似。

为了降低物流成本，合理包装，应分析影响包装的物流因素，在物流中，我国公路运输、铁路运输装卸时一般是人工装卸，且粗暴装卸时有发生；各商品保管条件不同；商品的运输方式不同，如可以采用铁路、公路、水路、航空运输多种方式。这些物流因素都是包装应考虑的因素。

表里如一

金融162　孙思颖

出处

《朱子全书·论语》：行之以忠者，是事事要着实，故某集注云："以忠，则表里如一。"

解释

指表面和内心都一样，形容言行和品质完全一致。

物流释义

表里如一指表面和内心一致，在物流中，可引申为包装应与物品及其运输方式等相匹配。商品的包装影响着物流后续的装卸、搬运等过程，在物流管理中，对于包装的要求应做到标准化和合理化。标准化要求包装应具有统一的标准，包括规格、容量、包装材料等。对于不同体积形态的物品，在各种标准化包装中，要选择最适合它们的包装。合理化要求对运输的物品既不能包装不足也不能过度包装，要以科学的方法确定其最优包装。包装不足会增加物品在运输途中破损的概率，包装过度则会增大运输物品体积，降低运输和存储效率，增加物流管理成本，浪费资源。

选择最优包装，首先应考虑被包装物品的性质，是软（如衣物等针织制品）是硬，是否属于易碎或其他易损坏的物品等。如果材质较软，则可以使用具有高韧性的塑料包装。如果材质较硬或容易损坏，则应使用标准化的纸箱，并在里面添加足够的减震材料，切不可因为物品本身大小刚好符合某种标准化包装，就选择此包装，导致无法在里面加入足够的减震材料，这样将大大增加物品损坏的风险。确定最优包装还应考虑到装卸搬运、保管、运输等多方面因素。如采用高垛存放的物品就要求包装有较高的强度，需要进行长距离多方式联运的物品就要求使用严密厚实的包装。只有做到物品与包装的相互匹配，即“表里如一”，才能在保证产品运输质量的同时，提高物流效率。

人靠衣装马靠鞍

电商161　何淑敏

出处

明末清初沈自晋《望湖亭记》第十出：虽然如此，佛靠金装，人靠衣装，打扮也是很要紧的。

解释

人要好看，主要是靠衣服给撑起来，马要看起来威风，主要还是靠马背上的漂亮鞍子。简单来说，就是包装对于一个人或者一家企业来说非常重要。

物流释义

首先，从包装的概念来看，所谓包装是指在流通过程中保护产品、方便储存、促进销售，按一定技术方法而采用的容器、材料及辅助物等的总体名称。包装是物流的起点，是现代物流“物质流动”最根本的组成部分、基础和物质保证。人靠衣装马靠鞍便说明了包装的重要性，此成语与物流相关。

其次，从包装的四大要素来看，包装材料、保护技术方法、包装结构造型和表面装潢构成包装实体的四大要素。漂亮的衣服和漂亮的马鞍表明了包装材料和表面装潢比较优质，此成语体现出了包装的要素，因此与物流相关。

再次，从包装的类型来看，包装分为商业包装和运输包装。商业包装以促销为目的，强调营销观点，要求包装外形美观，便于柜台陈设。此成语明显体现了商业包装的特点，外形美观，有必要的装潢，在选马时会选择一匹好看的马，在招聘时也可能会倾向于颜值高、衣装得体的人，所谓“人靠衣装马靠鞍”。

最后，从包装的作用来看，包装具有保护、便利和促进销售三大作用。此成语显然体现了促销的功能，这是包装设计最主要的功能之一。无论是看一匹马还是看一个人，外观漂亮都会给人留下深刻的第一印象。

金玉其外，败絮其中

经管102　邹杰玲

出处

［明］刘基的《卖柑者言》：观其坐高堂，骑大马，醉醇醴而饫肥鲜者，孰不巍巍乎可畏，赫赫乎可象也？又何往而不金玉其外，败絮其中也哉？

解释

外面像金像玉，里面却是破棉絮。比喻外表漂亮，内里破败。虚有华美的外表，实质却一团糟。

物流释义

根据外面的包装来判断，某产品是一件珍贵的高档产品，但就实物而言，该产品只不过是非常普通的一般商品。现今很多企业为了吸引顾客，促销商品，将原本质量较低的产品包装得太过花哨。这种现象的普遍化已经严重影响到环境质量以及人们的正常生活。

由于精美、过度的包装，人们一般不能根据外观真实地判断产品质量的好坏。由于产品的低质量，意将其用于重要用途的消费者可能会遭受各方面的损失，而其他消费者可能属于被迫为过度奢华的包装埋单。这严重损害了消费者的利益。同时，包装过剩也使企业和社会的利益受损，大量资源浪费、环境污染，社会奢侈风气盛行。

包装的作用主要有三个，分别为保护功能、方便功能、促销功能。精美的包装是为了促销产品，这是一种好的利用。但是包装过度，使包装不合理，便存在包装过剩。包装过剩表现在三个方面：一是包装物强度设计过高；二是包装材料选择不当；三是包装技术过高。这些都会导致包装的成本过高。一方面，可能是包装成本支出大大超过减小损失可能获得的利益，导致社会资源的浪费，也损失了企业自身的利益。另一方面，包装成本占商品总成本的比重过高，造成产品价格虚高，实则是损害了消费者的利益。

例如，月饼本来只是人们在中秋节食用的风俗性食品。由于被赋予了商务送礼的功能，月饼的包装逐渐变得精美，甚至过度。一个普通的包装至少有5层。每年月饼的消费量达到几十万吨，由此可以想象用于包装月饼的包装数量之大，因而也可以想象由于过度包装所引起的各种后果。对于只想买月饼用于自家食用的家庭来说，过度包装会阻碍他们对于月饼的购买，因为他们不想为月饼的过度包装的成本埋单。

包装也会给物流的其他环节造成影响。过量包装会使得产品重量或体积增大，在一定程度上影响运输、装卸、搬运、配送等环节的效率，从而降低物流效率，使顾客满意度降低。

如今包装对于商品来说已经越来越具有举足轻重的地位。好的包装是商品畅销的决定性条件。同时包装可以起到一定的“掩饰性”作用，弥补商品本身存在的不足，在视觉上给人带来比较好的印象。正如“金玉其外，败絮其中”所表达的意思，虽然有些夸张，含义也并不是特别积极，但这正是包装强大功能的展现。“外”就是包装出来的效果，用包装来美化商品、重塑商品，让其更加方便、安全、引人注目，从而可以更好地展现在消费者面前。

综上所述，“金玉其外，败絮其中”的现象在物流方面造成了很大的负面影响，所以包装必须标准化、合理化。随着人们对包装问题的关注，未来包装势必会走向轻薄化、单纯化、标准化、机械化、绿色化。

驿寄梅花，鱼传尺素

金融 103　李蔚

出处

［清］秦观的《踏莎行》：雾失楼台，月迷津渡，桃源望断无寻处。可堪孤馆闭春寒，杜鹃声里斜阳暮。驿寄梅花，鱼传尺素，砌成此恨无重数。郴江幸自绕郴山，为谁流下潇湘去？

解释

请驿使寄送梅花，以绢帛撰写书信寄送。通常用来比喻向远方的朋友表达思念的感情。

物流释义

靠驿站寄送梅花和信件，用“鱼”盛放着绢帛送给友人。这都是古代物流体系中的活动。

寄送书信到现在仍是物流活动的一部分。而在古代，寄送书信是一项非常频繁、重要的物流活动。从这句词中，我们可以看出古人也会在寄送书信时附加一些物品。而寄信时也会考虑到书信的完整和安全，从收件人仍可以收到完整的梅花这一点就可以看出古代的驿站物流体系还是有着比较高的效率的。从现代物流的角度来看，驿站是一个集货中心、物流中心，这点会在下一句词中进行解释。

“鱼”，原本是指古人在探访友人时在鲤鱼腹中放置书信，后随着历史的前进衍生为将书信放置在雕刻成鲤鱼形状的木质盒子中进行寄送，即已经由最初的柔性包装变为现代物流中的硬性包装。在这里，从最初的鲤鱼到鱼形木盒都属于古代物流体系中的包装部分。包装的一个最基本的功能即为保护所要运输的实物。回顾最早放在鲤鱼腹内的方式，可以发现它可能会导致绢帛的变形和污染。从“鱼”已经发生变化了的包装形式（木函）来看，它有着保护物品不致破损变形、防止物品发生化学变化、防止异物混入污物污染、满足装卸搬运和防止信件失散的作用。而“鱼”（木函）这种运输包装的外形也使所运送的物品仅从外观就能看出其运送物品和运送目的等特点。“鱼”的演进变化，在一定程度上体现了古代物流体系中包装形式的演化。

装卸搬运

愚公移山

会计101　武苏

出处

［战国］列子《列子·汤问》。

解释

比喻坚持不懈地改造自然和坚定不移地进行斗争。

物流释义

从物流的角度来看，愚公以及他的子子孙孙主要是做一件运输的工作，所以涉及物流装卸搬运和运输的管理，很明显在愚公这一代的物流是最原始效率较低的运输，其“物料装卸”是比较棘手的问题，按照当时社会的发展，只能用最原始的方法：斧头凿，不仅速度慢而且占用大量劳动力。运输方面是采用手推车运输到离家较远的指定地点，然后搬卸。在返回途中，运输工具是闲置的，这是对资源的浪费。

但是在愚公子子孙孙的不断努力下，这个愿望一定会实现，而且随着社会的发展，先进的设备和方法会被引入，所以在这里介绍一下未来移山的“方法”。首先，不再是凿山得石，而是采用炸药或者一些较为先进的方法将山炸开，不仅速度快而且不会过多地涉及劳动力，当然在安全方面一定要做得比较周全。得到碎石后的搬运过程也会有所改善，借助推土机将石头运到大货车上，可以购置多辆大货车，一次大量地运输石头到指定地点。在运输过程中要合理安排车辆的多少，如果某阶段石头的数量较多，可安排几辆车一起运载，尽量保证每一辆车都能够满载，在石头比较少的阶段，可以停掉几辆车，保证资源不闲置。运到指定地点后要再对石头进行再利用，如有特色的可以留下来开发，没有特色的可以粉碎。这里石头的处理中会涉及库存问题，例如，搬运过来的石头要以什么样的顺序放入仓库中，是直接分为特色石头和粉碎石头分类放置，还是得经过处理才能辨识，辨识后再进行分类。石头加工完成后如何出库，按不同的用途将分往不同的地点销售，所以出库也要有秩序。

这样就从最原始的没有利益牵扯单纯为方便自家出行的动机，转变为开发大山，利用石头赚钱的营利组织，也会推动当地的经济发展。

从另一个角度考虑，当初移山是因为山挡着很不方便，所以可以考虑在山上挖一个隧道，引入火车、高速公路等运输干线，交通便利的问题也就解决了，同时为当地的居民和各行业的运输提供了便利。

昼夜兼程

金融 101　刘嘉

出处

［明］凌濛初的《二刻拍案惊奇》卷三十二：范翁方才同女儿进发，昼夜兼程，行到衙中，择吉成亲。

解释

昼夜：白天和黑夜；兼：加倍；程：行程，赶路。白天和黑夜都不停地赶路，形容急速地赶路。

物流释义

“昼夜兼程”是说赶路的人无论白天还是黑夜都在不停地赶路，以便可以早点到达目的地。而在物流供应链中，为了让货物在规定时间内送达目的地，物流人员总是在昼夜不停地工作，以便将这些货物在规定时间内送到收件人手中，完成自己的使命。“昼夜不停”这个成语与物流供应链昼夜不停工作的情形相吻合，准确形象地写出了物流供应链在夜以继日、昼夜不停地运行着。

物流是物品从供应地到接收地的实体流动过程，是根据客户需要，将运输、储存、装卸、搬运、包装、流通加工、配送、信息处理等功能有机结合来实现用户要求的过程。从供应地到接收地，需要经过很多流程：按照客户提出的时间和空间要求，需要将货物从供应商处将货物运送给客户，货物的到达和发送又有一个货物集结等待运输以及货检作业等过程，这些工作又要通过储存环节；在货物出入库、装车、卸车过程中还涉及搬运和装卸作业，最后按照用户的需求，及时、整齐、完备、按质按量地送给客户，并进行相应的售后服务。此外，物流还涉及包装、流通加工、信息处理等过程。由此可见，货物从供应地到接收地需要做大量工作。但是，将货物完好送达目的地，还需要满足客户提出的时间要求和费用最少的原则，这就要求物流过程快速运行。

从另一个角度来看，“昼夜不停”体现了物流管理者对时间要求的重视。随着物流行业的不断发展进步，客户对物流的要求越来越高，相同条件下希望货物到达时间越早越好，提高工作效率、严格控制各个流程耗时，成为节约物流成本、提高客户满意度和行业竞争力的一个重要方面。

总而言之，整个物流过程都在“昼夜不停”地运行着。

红旗报捷

金融 103 王宇

出处

［清］李汝珍的《镜花缘》第六十四回：刚才部里来送信，说剑南倭寇已被文隐平定，一两日就有红旗报捷到京。

［清］李宝嘉《官场现形记》第十二回：先生此去，何异登仙。指日红旗报捷，甚么司马黄堂，都是指顾间事。

解释

清代的时候，军队出征，打了胜仗，会派专人手持红旗，急驰进京报捷。现在指报喜。

物流释义

红旗报捷是一个简单的物流过程的体现，清代在战场上的清军战士将捷报送回京城的过程。物流主体涉及：供应商：战场上的将领；需求者：京城的皇帝及官员、百姓等；物流工具：奔驰的骏马；基础设施：回京途中的留宿地及回京的道路。这个物流过程属于微观物流范畴，只是单一物品的物流，而且几乎不涉及生产领域的物流和销售领域的物流，主要属于社会物流的一种。

此物流活动大体包括如下环节：

运输配送：带着捷报的战士骑着战马飞奔回京，将其呈给皇帝。

流通加工、包装：在返回途中，为方便运输以及促进“销售”，即满足皇帝的外观要求等，将捷报装在锦囊中，精致且有保护作用。

存储保管：战士将捷报保存完好，保证物品品质方面完美，虽然没有仓库等存储中心，但在运输途中也相当于短暂存储。

搬运装卸：骑马回京的战士在战场上接过将军亲笔写的捷报，揣在怀中；到了京城，将其呈送给皇上和众大臣。

物流信息：捷报从战场被运输开始到消费者收到捷报过程中的所有信息。但信息没有被传递给供应商和消费者，没有起到作用。

物流的三大职能是创造了物品的时间价值、空间价值以及形质效用。具体来讲，捷报从战场传回京城存在时间差，形成时间价值；同时在不同的地点、不同的空间形成空间价值；捷报其实是一个事实，因被书面化而成为一份书信或者奏折，且被包装得很精美，增加了它的形质效用。

在这个物流过程中，为了满足客户的需求，需在较短的时间内将货物送到，即对物流效率提出了要求，战士策马扬鞭，疾驰回京城也在某种程度上缩短了货物的运输时间，降低了物流成本，提高了效率和服务水平，但是这里存在一个问题，即在物流信息的传送方面，由于古代信息技术不发达，无法得知物流过程的信息，导致需求方和供应商两方面的信息缺失，有待改进。从实现物流目标的角度来看，只有完善各个物流环节，加强管理才能提高效率，降低成本，从而提高服务水平，将各个物流环节有机地结合在一起才能有效发挥物流的职能。

兵马未动，粮草先行

经管 101　赵玉莹

出处

林占财的《森林中的远征》：他很同情地说道：是的，兵马未动，粮草先行。这是自古以来用兵的老规矩，你们没有粮食怎么走这么远的路！

解释

指出兵之前，先准备好粮食和草料。比喻在做某件事情之前，提前做好准备工作。

物流释义

军事物流是指将各类军事物资从供给地向配置地域转移或战争消耗的全过程，其中既包括对军事物资的采集、运输和包装环节，也包括对军事物资的加工、仓储与供应等环节。

如果我们进一步扩大视野，勾画出一条军事物资的供应链，也许会是如下情况：将作战的军队对物资的需求，包括粮草等，粮食、草料等的生产者，生产粮食、草料等军事物资所需原料的提供者以及一些中间的采购、仓储、运输、搬运、配送等活动整合在一起，形成了旨在为作战军队提供更好的后勤服务、降低全过程总成本的供应链。

结合上述，古时征战在军事物资方面应该会做以下准备：

朝廷根据经验预设粮草供应商，并通过补给生产原料等方式与其建立良好合作关系，以备战时之需。

战争即将打响之时，出征军队首领根据军队规模、出征路线与距离、战场环境、对方情况保险地预测本次出征所需物资，并上报朝廷。

由朝廷相关官员负责，向粮草供应商采购军事物资，粮草供应商在第一时间做出响应，提供足量物资。

同时，军队相关后勤补给部门根据已有的粮草供应站及行军路线，设计粮草运输路线和方式、储存地点、负责运输搬运等活动的相关人员和车马的调配方案、应急预案等。

由此可见，“兵马未动”之前要做的准备活动着实不少。以“粮草先行”为象征的军事物流对于军队来说，就像血液之于人体。若粮草供应链上的任何环节出现了问题，导致粮草供应不足，无论士兵、战马都将无力迎战。因而，“兵马未动，粮草先行”所强调的军事物资的物流规划是很有战略意义的。

若把关于军事物流的思考，推广到一般的物流活动上，则可以得到以下结论（从供应链的角度来看）：

在采购环节之前，先进行需求分析，然后通过具体的考评体系选出合适的供应商。与供应商建立利益共享、激励、交流、考评机制，使双方认同彼此的质量观，供应商的选择和管理对供应链管理至关重要。

建立仓库、物流中心等物流作业集中的场所，类似于古代的粮草供应站，可以方便运输、配送的管理，又满足了装卸搬运的原则，能提高装卸搬运的效率。

依靠 GIS 获取地理信息，依此设计运输路线，结合运输时间的紧张程度、资金是否充裕、运量大小、货物能否承担风险等因素选择最优运输方式。在运输过程中用 GPS 进行监控，能大大提高物流的准确性和效率。

供应链

浑然一体

经管 102　徐思祁

出处

《二程遗书》第二卷上：学者须先识仁。仁者，浑然与物同体。义、礼、知、信皆仁也。

解释

完整地不可分割的样子。融合成一个整体。形容完整，不可分割，也形容文章绘画布置匀整，结构严谨。

物流释义

随着社会的不断发展，供应链在当今企业发展中扮演着非常重要的角色，供应链管理的根本目标是提高服务和降低成本，在很多环节中都能采取措施来促进目标的实现，如在采购管理中出现的 JIT 采购，能很好地减少库存成本，不断地追求零库存，而且符合顾客的需要；又如对库存的管理，由于对于库存量有着比较严格的控制，所以企业会采用各种不同的手段使库存成本达到最低水平。在现实生活中，常用 ABC 分类法对货物进行区分，同时也根据不同货物确定不同的订货方法，正确地选择定量订货法和定期订货法，这些方法的实施都是为了达到节约库存成本的目的；再如对货物的运输和配送，选择合适的方法既可以达到减少成本的目的又能够提高服务的质量。总而言之，供应链的每一个环节之间都存在着紧密的联系，各个环节浑然一体，联结了供应链的各个结点，组成一个有机结合不可分割的整体，缺少任何一个环节或者任何一个节点供应链都会出现各种各样的问题，每个环节的正常运作为供应链的运转提供了保障。“浑然一体”这个成语能很好地体现供应链是一个集成与协调的整体这一特点。

风雨同舟

金融113　舒瑞玥

出处

《孙子·九地》：夫吴人与越人相恶也，当其同舟共济，遇风，其相救也如左右手。

解释

舟：船。在狂风暴雨中同乘一条船，一起与风雨搏斗。比喻共同经历患难。

物流释义：

从供应链的角度来看，风雨同舟是一个相当重要的理念。供应链中有一个核心的企业，但不可能完成整个商品每一个环节的生产制作，因此它将不属于自己核心竞争力环节的生产外包出去，专注于企业自身最核心的东西。这样既保证了产品质量，又提高了生产效率，节约了成本。

供应链中的所有企业牢牢绑在一起，不仅是一个利益共同体，更重要的是要共担风险，共同经历患难，也就是“风雨同舟”。

2009年8月24日，丰田在华2家合资企业广汽丰田、一汽丰田宣布，由于零部件出现缺陷，自8月25日开始，召回部分凯美瑞、雅力士、威驰及卡罗拉轿车，涉及车辆总计688314辆。这是我国2004年实施汽车召回制度以来数量最大的一次召回。丰田属于其所在供应链上的核心企业。它出了问题以后，整条供应链上的所有企业都会和它一起承担，一起“与暴风雨搏斗”，帮助它度过危机。无论它的供应商是不是一个大企业，丰田都是一个大客户，是一个可以长期合作的伙伴。每一个企业都会遇到不同的困难，长期合作，互帮互助，风雨同舟才能实现互利共赢。

现代供应链管理强调共赢而非竞争，要求各企业信息共享，建立合作伙伴关系，从而降低整个供应链成本，提高服务；在物流内部，也有着“效益背反”学说，即物流的若干功能要素之间存在着损益矛盾，但目标应为降低各个环节的综合成本。无论是供应链各企业和环节间还是物流各功能间，都不再是单打独斗、只考虑个体利益的模式，而是大家协调统一，朝着一个既定目标努力，从而使整体利益最大化，这便是一种“风雨同舟”的境况。

具体而言，在整个供应链中，围绕核心企业，各个供应商、分销商、零售商、用户需要“风雨同舟”而不是自相残杀。就供应链的物流环节来说，如采购时，应摒弃供应者为了更多的利润而降低质量，需求者为了更多利益而过度压缩成本，这样只会增加整个供应链的成本，并降低服务质量。供需双方应“风雨同舟”，需求者和供应者要建立起双赢的采购模式和利益共享机制。同时，在供应链中还存在着“长鞭效应”，为了克服这个效应各个企业也应该“风雨同舟”，完成供应链各企业间信息共享，从而做出价格和需求的合理预测，交流经验，从而制定出合理的订货分层管理制度等。

在物流各个功能间，就如“效益背反”学说所叙述的那样，不可能同时降低所有缓解成本，而应努力去寻找一个平衡使物流总成本最小。也就是说，每个环节不能只要求不断降低成本，而应“风雨同舟”降低物流总成本。举例来说，采购中的及时采购由于可以在需要的时间完成，按需要的量生产需要的产品，所以大大降低了采购和库存（零库存）成本，但是同时，由于每次运货数量少，并且机动性强，会大大增加运输成本，在这种情况下，我们就不能要求这三类成本同时降低，而应找到平衡点使总成本最低。我们还可以看到在一个环节中也有着此类“效益背反”，如库存环节，减少库存可以减少资金占用，降低管理成本，但是同时会有更大的违约风险，所以当我们朝着库存成本最小这个目标努力时，便希望这两个因素“风雨同舟”，从而在满足顾客服务的前提下，尽可能降低库存水平。

休戚与共

农经111　高毅丹

出处

《晋书·王导传》：吾与元规休戚是同，悠悠之谈，宜绝智者之口。

解释

忧喜、福祸彼此共同承担。形容关系密切，利害相同。

物流释义

众所周知，物流并不仅仅是一个企业的商业性活动，如果把一家啤酒公司的物流活动看作是一个系统，则这个系统中不仅包含着这个啤酒公司，还包含着为该啤酒公司提供原材料、承担分销等的多家企业、多个公司的运营。从原材料的采购到制成中间产品，再到制成最终产品运到消费者的手中，这其中需要供应商、制造商、分销商、零售商等各类上、下游企业共同协作才能完成。在这个多功能网链结构中，任意一个环节出了问题，哪怕是一个细节的不妥当，都可能导致整个物流过程的瘫痪。例如，制造商的供给不足，不仅会导致其自身的利益损失，还会影响到与之相连的分销商供给不足、出现欠货，从而导致零售商缺货，整个供应链都会因此受到莫大的损失。可以说，物流过程中，供应链上的各个厂商之间的关系是互为唇齿、互相影响的，关系十分密切，有着相同的利害关系。它们围绕着核心企业，通过对信息流、物流、资金流的多方位控制，保证整个物流过程的持续稳定运作。

当物流供应链中的一家企业出现问题无法正常运作时，与其在同一供应链上的其他相关企业往往会对其提供力所能及的最大支持以帮助该企业渡过难关。互帮互助，不会轻易放弃或更换合作伙伴。这并不仅是出于商业道义，还因为物流的复杂性和特殊性，需要多个相关企业聚集成一个强有力的整体，信息共享、风险共担、互相支持、共同协调。供应链上的任何一个企业出了问题就相当于整个供应链的稳定性受到了威胁，这就直接导致供应链中其他企业的利益也会受到损失。同样地，如果供应链中的企业经营有保障，就代表了整个供应链是稳固而可持续发展的，其他相关企业才能取得较低的生产经营成本和较高且较为稳定的效益。在物流过程中，供应链上的所有企业可谓“一荣俱荣，一损俱损”。

因此，物流过程是依靠供应链上的各个企业、公司的，企业与企业间的合作发挥到了极致。无论是生产、配送、仓储、管理等，企业间的共同协作都使物流得以顺利进行。事实上，对物流过程的绩效评估实质上就是对整个供应链的评估，也就是对供应链上各个企业的总体绩效评估。企业在物流过程中彼此依靠，构成完整的物流体系。

休戚相关

金融123　李晓

出处

《国语·周语下》：晋国有忧，未尝不戚，有庆，未尝不怡……为晋休戚，不背本也。

解释

休：喜悦、吉利；戚：忧愁、悲哀。忧喜、祸福彼此相关联，形容关系密切，利害相关。

物流释义

“休戚相关”很好地概括了供应链管理的特点：所有供应链成员成本共摊、风险共担。从降低成本的角度而言，不同于传统管理的是，传统管理中每个企业只考虑自身成本的降低，它们与供应商的关系使得增加的存货成本沿着供应链的网络传递给最终客户，从而影响最终产品的成本，影响整体的收益。而供应链管理是做到信息共享，如各企业之间随时了解彼此的库存信息，从而决定自己的订货和发货量，以最大限度地实现“零库存”，降低库存成本；核心企业通过了解供应商的情况，对供应商进行监督，而供应商也会因为承担了风险而规范自己的行为，提高供应产品的质量等。通过优化供应链管理，让每个企业成员都加入其中，各尽其力，一起把“饼”做大，让每个企业分摊的成本降低而分得的利润增加，而不是像传统管理那样所有企业都争着尽可能多地占有一块大小固定的“饼”而牺牲其他企业的利益。同时，让每个企业都成为风险的承担方，不仅增加了供应链整体的风险承担能力，也约束了每个厂商的行为，最大限度地避免类似“丰田刹车”“速腾断轴”这类破坏企业形象，影响整体收益以及企业未来发展的事情发生。

荣辱与共

试验 132 俞珏文

出处

南京大学民国时期创办了与中国共产党“肝胆相照，荣辱与共”的九三学社。

解释

两者共同分享荣耀和承担耻辱。

物流释义

供应链是一个有机整体，因此在供应链的分析与管理中，需要把对成本有影响、在产品满足顾客需求的过程中起作用的每一方都考虑进去，如供应商的供应商以及用户的用户。

若能协调好各方的利益，进行有效的管理与合作，通过信息共享提高信息透明度等方式，将会实现降低成本和提高质量的目的，从而扩大自身的竞争力与市场占有率，以实现更大的利润，共同分享荣耀。

同时，供应链管理的思想通过风险共担才能实现。因为，供应链中任意部分的问题都会放大到整个供应链中，对整体的业绩产生影响。如大众汽车前段时间的四缸引擎安装能在排放测试中作弊的装置丑闻，不仅影响了大众汽车集团本身，对其汽车零件的制造商、供应商等也都造成了无法估计的损失，从而使供应链中各个部分共同承担了耻辱。

而这些风险，笔者认为可以通过加强信息透明度，实现信息共享来避免。若汽车其他零件的制造商、供应商及时了解到大众汽车集团使用在排放测试中作弊的装置，自然会提早做好准备，以减少自己可能遭受的损失。这样看来，信息共享的确是一个成功的关键因素，但也是一个难处理的问题，如在供应商或顾客也在与它的竞争对手有业务往来时，此时的信息公开明显不利于自身的利益。因此，如何把握信息公开的程度，平衡信息公开利弊是供应链中每一家企业所要思考的。

各自为政

经管092　符式钏

出处

《左传·宣公二年》：畴昔之羊，子为政；今日之事，我为政。

解释

为政：管理政事，泛指行事。各自按自己的主张办事，不互相配合。比喻不考虑全局，各搞一套。

物流释义

一、营销与制造的关系

多年来营销和制造在企业中被视为两种截然分开的活动单独进行管理和运行，最好的状态也只能是两者相互独立地存在，最坏的状况是它们之间存在着难以调和的矛盾（各自为政）。制造活动理所当然更倾向于重视运作效率，运作效率要求规模化的生产、较少的组织结构变化和高程度的产品标准化；而营销重视的则是由多样化带来的竞争优势，包括适应性强的高服务品质和多种多样的产品。在当今变化多端的环境中，营销活动和制造活动不能再各自为政，它们之间的争斗不仅会导致两败俱伤，也显然无助于企业的总体目标。

二、供应链管理

从系统整体的角度出发，应该更加注重供应链上的信任与合作，要达到既能高质量满足客户的需求，又能充分节约成本；这是能否达成供应链整体功能大于链上各个部分功能之总和的目标前提。当把供应链当作一个整体系统来考虑它的效益最大化时，也许链中某些环节成员的利益会减少，但是却能使得链上其余所有环节成员通过这些统一的管理而获得更多的利益。相反地，放任链中环节成员自由竞争合作（各自为政）可能会引起恶性竞争，结果只能是整体效益下降。

综上所述，各自为政的做法不会实现良好的效益。要达到很好的效益，既需要内部整合制造活动和营销活动，磨合两者间的矛盾，又需要外部协调产品原料采购的上游供应商与成品营销对象的下游客户。

相辅相成

金融 122　杨倩

出处

［明］张岱的《历书眼序》：诹日者与推命者必相辅而行，而后两者之说始得无蔽。

解释

指两件事物互相配合，互相补充，缺一不可。

物流释义

物流包括运输、储存、仓储作业、搬运装卸、包装、流通加工和配送等环节，这些环节不是彼此独立，而是相互依存的，即每个环节的顺利开始都要依靠前一环节的顺利结束，只要其中的一个环节出了差错，那么整个物流过程就无法继续下去。因此，物流各个环节之间可以说是环环相扣、缺一不可的。例如，在货物的流通中，由于天气等原因导致运输环节无法进行，如果刚好是保鲜期较短的货物，滞留就将对其造成致命性的毁坏，在这种情况下，下一个环节是很难开始的，并且很可能物流过程到这里就断了。可想而知，这样的结果会给销售企业和物流企业带来巨大的损失。物流管理要求管理者科学规划，及时追踪物流情况，保证每一个环节的稳定性和安全性，并且如果有必要，可以根据经验对一些特定的、风险较大的环节制定备选方案，以降低其风险。

另外，物流管理最终想要实现的目标是降低成本，提高服务，这就有赖于环节之间的配合和协调。物流各环节之间是相互影响的，如物料装卸搬运对于仓库作业效率的提高有着至关重要的作用，包装加工（如将货物套上包装袋或装入集装箱）也加大了搬运和运输的便利性，选择合理的运输方式可以使配送环节得以正常进行，最终提高客户满意度等，这些都体现了物流各环节间相互配合的重要性。科学有效的流程安排和控制可以使各个物流环节间平稳连接，实现无缝衔接，从而提高各个环节的效率和资源利用率，避免不必要的浪费和运输损伤，降低成本。

然而，由物流的“效益背反”理论可知，物流中的每一个环节之间并不都是相互促进的，一些环节中成本的降低可能会导致其他环节成本的提高，如为了降低货物的单位运输成本，每次都大量运货，这样就会使库存和所需仓库数增加，从而提高库存成本。在物流管理中，各要素间矛盾的存在要求管理者不单单关注每个独立环节的效率最大化，而是从整体出发，将各个因素结合起来进行考虑，再根据实际情况作出科学合理的决策，使物流的各个环节之间相互协调，适当地取长补短，相互补充，以达到整体效益最大化。

综上所述，物流中只有保证每个环节之间都达到相辅相成的状态，才能实现降低成本和提高服务的最终目标。

和衷共济

金融 141　李美琳

出处

《尚书·皋陶谟》：同寅协恭和衷哉。

《国语·鲁语下》：夫苦匏不材于人，共济而已。

解释

衷：内心；济：渡。大家一条心，共同渡过江河。比喻同心协力，克服困难。

物流释义

从供应链的角度来看，供应链是一个集供应商、制造商、分销商、零售商、客户于一体的网链结构。除去客户，从供应商到零售商都需要一个中心去进行协调和管理，以此来保证供应商、制造商、分销商、零售商的信息资源共享，力求成本最低、效率最高、服务最好。另外，作为同一条链的各个部分，在做自己最专业的事的同时也要对其他部分提出建设性的意见以及在其他部分需要帮助的时候伸出援手，而不是只顾着自己做大做强。例如，在制造商急需某种生产零配件时，供应商要快速准确提供运送，确保制造商的产品能高质量地如期完成，如果供应商只顾自己的利益，非要等订单达到一定的规模才开始运送，就会导致制造商的产品不能及时完成，以至于分销商缺货不能及时给零售商运送，增加订单，零售商因为货源不足而失去顾客也增加订单，因为时间的延迟，等到产品供应时，就会导致大量商品积压，整个供应链崩溃。

从物流的各个环节来看：物流包括采购、仓储、库存、运输、配送、装卸搬运及包装几个方面，而这几个方面也是需要一个总体去协调和组织的。例如，仓库的内部结构设计，不能一味地追求面积大，要根据库存总量确定仓库容量；要配合物流运输的方便建立合适的出入库口与机制；还要将仓储作业与装卸搬运相结合，尽量减少搬运与装卸。此外，由于物流的“效益背反”原则，当一个因素成本降低时会相应地增加另一个因素的成本，所以在组织物流的各个环节相互配合时，要保证总体成本最小、效益最优，而不是各个部分去寻找自己的利润最大化。例如，一次性采购很多材料可以节省部分采购费，但是会造成库存的积压，增加对库存材料整理保管的支出，还会包庇很多采购管理存在的问题，一旦问题积累爆发，损失可能是不可估量的。

洛阳纸贵

会计 152　李冬卉

出处

《晋书·文苑·左思传》：于是豪贵之家竞相传写，洛阳为之纸贵。

解释

原指洛阳之纸，一时供不应求，货缺而贵。后比喻作品为世所重，风行一时，流传甚广。

物流释义

该成语反映的是洛阳之纸供应不足，归根结底是供应链出了问题。首先，就零售商而言，他们没有对纸的市场需求进行调研和正确地分析评估，对纸的库存没有进行科学的管理。如果采用定量订货法对纸进行库存管理，随时清点纸的库存量，当库存量低至订货点时即开始订货，及时补充库存，则可能会从一定程度上缓解供不应求的状况。其次，零售商、分销商、生产商之间没有形成一个顺畅的供应链，缺乏合作共赢意识。

虽然理论上这种供不应求的情况可以科学应对，但是在实际中可能难以操控。这种情况的出现可以用物流中的“长鞭效应”来解释。长鞭效应是指供应链中由于消费者需求的轻微变动导致上游企业经营生产出现剧烈波动的现象。这里下游消费者的需求发生了剧烈变化，必然会导致纸的生产、经营出现问题。要想尽可能避免这种情况的发生，可以采取加速信息传递、改善续期预测能力、库存透明化等措施。

厚积薄发

金融102　潘冠男

出处

许知行关于读书作文的名言：博观而约取，厚积而薄发。

解释

厚积：指大量、充分地积蓄；薄发：指少量、慢慢地放出。多多积蓄，慢慢放出。形容只有准备充分才能办好事情。

物流释义

“厚积薄发”的意义在于只有经过充分的准备才会得到期望的结果。从另一个角度来看，就是每个看似简单的问题背后都由值得探究的原因或问题导致。从物流的行业角度看，任何一个优秀的企业背后都有着优质完备的供应链系统为其提供支持。

具体说来，供应链的管理主要有以下三步：①供应链网络结构设计（供应链伙伴选择、物流系统设计）；②集成化流程设计与重组（内、外部集成化供应链管理流程设计，供应链信息流管理与共享）；③供应链管理机制建设（绩效评级与利益分配、激励与风险防范机制等）。当某供应链核心企业完成对本供应链的管理规划和改造，建立起完整成熟的供应链体系时，就能够充分发挥其成本及价值优势，达到提高用户服务水平，降低库存和配送成本，提高订单质量和效率等多重目标。

在现实的供应链运行情况中，我们以农产品电子商务物流运作模式作为简单的例子进行考察和探索。目前，市场上存在的农产品电子商务物流运作模式主要可以分为以下三种情况：①以物流中心为主导的一体化农产品供应链体系；②以农产品加工厂为核心企业的一体化农产品供应链体系；③以农村合作社为主体建立电子商务交易平台委托第三方物流管理。

但是，这三种供应链体系均存在局限性：①前两种模式的问题在于，无论是物流中心还是农产品加工厂作为主体，实行电子商务管理、结算的成本都比较高，独家企业很难支付起相应交易平台的构建费用。另外，现存的小农经济分散性的生产模式中，核心企业要想完成供应链的构建，依靠网上商务作为信息交流平台是必然的。基础性需求和企业资本实力的差距是前两种模式运行的主要难题。②第三种模式是农户通过合作社与市场进行交流，容易导致农户与市场脱节，对第三方物流公司高度依赖等问题。

虽然集成化供应链管理正处于发展阶段，其发展路程还需多方通力合作，共同促进，但其潜力必然会受到各行业尤其是龙头企业的关注，相信未来的某一天，集成化供应链管理必会成为行业竞争的主流，正如所谓的“厚积而薄发，博观而约取”。

丹书白马

经管161　牟芃宇

出处

《汉书·高惠高后文功臣表》：“申以丹书之信，重以白马之盟。”这句话是刘邦在平定异姓诸侯王前，同大臣们共同立下的“白马之盟”。之后颜师古注曰：“白马之盟，谓刑白马歃其血以为盟也。”

解释

古时候，帝王在赏赐功臣享有免罪等特权的证件以及世袭爵位时，会宰杀白马歃其血，以此昭示坚守誓约，后人称这种活动为“丹书白马”。

物流释义

丹书白马讲述了“白马之盟”这种结盟活动。在结盟过程中，最重要的条件是要有核心首领，只有通过核心首领才能进行结盟活动，才能进行联盟号召和指挥，更好地实现联盟的发展与壮大。

“丹书白马”中的“白马之盟”正如当今的供应链，而“白马之盟”的核心首领正如供应链中最关键的组成部分——核心企业。恰如“丹书白马”，只有拥有明智的首领才能够组织起来。供应链只有紧紧围绕强大的核心企业，才可以实现对物流、商流、资金流与信息流的控制，才可以实现供应商、制造商、分销商、零销商与客户之间的连接，才能够提升“盟友”也就是供应链中各个成员企业的核心竞争力和市场地位。

当今，市场上的竞争已经由“单打独斗”的企业单独管理逐步转化为“丹书白马”的供应链管理。具体而言，在战略计划方面，供应链考虑成员之间的共同协调关系，追求整体利益最大化，这种方式优于单个公司仅仅站在本公司视角的计划制订方式；在信息流通方面，有利于供应链整体发展的非核心信息在供应链成员企业中进行分享，这样可以减少传统管理单个企业的信息获取成本；在面对风险方面，单个企业只能自负盈亏，存在较大的风险，但在供应链管理中就可能有其他相关企业共同承担，在一定程度上降低了单个企业的风险；在存货管理方面，供应链管理可以在供应链成员之间相互协调，追求共同的“零库存”目标，然而，在传统企业中以单一公司为主的库存管理容易大量囤货，降低了资金的周转效率。

综上，供应链管理是当今各个企业发展盈利的重要驱动因素，供应链管理已经成为企业管理的主流。21 世纪，市场上将只有供应链而没有企业。这种结盟联合、荣辱与共、风雨同舟的发展思想，我国早在 2200 多年前的汉代就已经存在了。

以次充好

金融162　樊桉麟

出处

［北宋］释智愚《颂古一百首》：洛阳路上相逢著，尽是经商买卖人。

解释

利用劣质商品充当优秀的商品，来谋取暴利。

物流释义

对于以次充好而言，我们可以用它来解释生产领域中的一些生产商家在生产过程中，将生产出来的废品和仓库中的残次品按照优质品的价格进行出售，通过这种手段谋取暴利并且欺骗消费者。这种做法的出发点是因为商家只关注自身的利益，与其上下游厂商之间的合作关系并不是一种共赢状态，在当今的供应链中，各个环节之间的关系都是息息相关的，各企业是荣辱与共的，因此这样的一种行为对于整个供应链来说非常具有毁灭性。在当今的供应链中，我们应该形成的是由核心企业为主导的绩效评价体系，通过供应链各个企业之间的相互评价对于产品质量进行管理和调控，可以通过对各个企业的评价分数，从核心企业的角度对这些企业进行罚款或者奖励，这样可以对整个供应链上的企业起到一定的激励和警诫的作用，使所有的企业会更加努力地去提升自身的服务质量和产品质量，当供应链整体的质量开始获得整体提升之后，将获得两个好处：其一，核心企业的管理成本降低以及产品口碑名誉的提升，对于目前的信用经济而言，是非常宝贵的，既是企业的无形资产也是其核心资产。其二，可以通过调整评价标准体系使企业整体质量水平可以有一个质的飞跃，将进一步地提高产品竞争能力。因为对于顾客而言，产品的质量是影响其消费的非常重要的一点，因此把控好产品的质量对于整个供应链来说有着至关重要的作用，是核心企业提高产品竞争力的一个核心办法，以次充好的做法是完全不可取的。

唇亡齿寒

经管161　杨锓瑶

出处

《春秋左传·宫之奇谏假道》：谚所谓“辅车相依，唇亡齿寒”者，其虞、虢之谓也。

解释

嘴唇没有了，牙齿就会觉得冷。比喻关系密切，利害相关。

物流释义

“唇亡齿寒”可以用于解释多个主体或者环节之间的关系，分为两个层面：供应链层面与物流层面。

就第一个层面而言，它阐释了在一个供应链中，一个核心企业和多个节点企业以及各节点企业之间的关系。它们相互依存，形成了一个利益相关的整体，当某一方出现问题时，受到冲击和影响的不仅是企业本身，也是供应链中的其他企业，没有哪一家能独善其身。

对于核心企业，如果它仅关注自身的成本最小化、服务及效率最优化，严格要求上下游企业而不对其提供技术等方面的支持、付款不够及时，在面临危机公关时不仅不出手相助反而落井下石，则可能会出现以下几个问题：关系破裂，原材料库存不够以致短期内的停产、分销渠道减少致使产品积压；为在短期内寻找新的上下游企业而付出更多的成本；质量出现问题，牵扯到核心企业自身，失去消费者的信任；出现信用危机，和其他企业的合作因此受阻或致使交易成本上升。

对于一个供应链中的非核心企业更是如此。寻找上下游企业、合作伙伴需要信息搜集的成本、时间成本、机会成本，并且在磨合过程中也会有培训成本等，频繁的变动会大大提高成本，此时一个稳定的合作关系就能有效避免资源配置的浪费。即便是在同一供应链中不直接相关联的几个企业，因为“长鞭效应”的存在，也可能会受到很大的影响。

就第二个层面而言，物流由运输、储存、装卸、搬运、包装、流通加工、配送、信息处理等多个环节构成。各部分环环相扣，如果某一环节出现问题，其他环节也会受到影响。例如，包装不达标或不合理，就可能造成在运输过程中产品破损、效率低下等问题。同样，后面的环节也可能会影响前面的环节，配送不够及时、服务质量低等因素可能会导致产品积压，或者消费者不满意，不再购买本企业的产品，进而导致整个企业效益受损，影响上面的环节。

虽然在经济活动中，每个主体所追求的唯一目标是自身经济利益最大化，但是在物流领域，我们不能狭隘地去理解这句话和考虑自身的利益。每个环节、每个主体都是整体的一部分，休戚相关、祸福与共。综上所述，“唇亡齿寒”和物流密切相关。

使智使勇

金融 162　徐君

出处

《新唐书·侯君集传》：军法曰：“使智使勇，使贪使愚，故智者乐立其功，勇者好行其志，贪者邀趋其利，愚者不计其死。”是以前圣使人，必收所长而弃所短。

解释

使：用。用人所长，以收其功。利用别人的长处，来取得成功。

物流释义

现代经济生活中的物流随着商品种类的增加，服务需求的增多，越来越需要商家对商品、服务以及相关信息从产地到消费地的高效、低成本流动和储存进行最优规划、实施与控制，以更好地满足客户的需求，这时候尤其需要发挥供应链管理的新思维，处理好与上下游乃至整个供应链合作商的关系，在提高自身企业运营效率的同时，更要注重供应链整体运转的顺畅和高效，以共同的高质量观念，争取利益共享机制下的多方共赢。

要达到这个目标，重要的就是要做到让供应链上的商家都各司其职，最大程度地发挥各自的优势，有智即使智，有勇即用勇，如采购商专注于负责在合适的时间以合适的价格和数量、质量要求，向合适的供应商采购相应的物品；仓储环节的商家则负责在提高仓容利用率、保证足够的储存量的同时，保障储存物品的安全，并且以较低的周转成本，实现吞吐速度的提升；库存管理商则只需负责在尽可能降低库存水平、减少库存成本的同时，在正确的时间和地点满足顾客的服务需求；在运输环节，商家需要保证的是根据运输的物品特点和距离长短，在时间和成本一定的要求下，尽可能好地完成运输需求，争取获得运输的附加价值；到了配送环节，商家只需要专注于以较低的成本、较快的速度、较好的服务为客户提供物流“最后一公里”的服务。这样整个物流的供应链串联下来，每个环节都专注于做好自己的事情，让每一个小的环节都得到重视并分段精细化，就可以提升物流整体管理过程的专业化水平，保证为客户提供的产品与服务是效率与质量的最佳组合，从而实现整体的“帕累托最优”。

冰冻三尺，非一日之寒

电商 161　张若兰

出处

［东汉］王充的《论衡·状留篇》：故夫河冰结合，非一日之寒；积土成山，非斯须之作。

解释

意冰冻了三尺，并不是一天的寒冷所能达到的效果。比喻一种情况的形成，是经过长时间的积累、酝酿的。任何事的发生都有其潜在的、长期存在的因素，不是突然之间就形成的。

物流释义

"冰冻三尺，非一日之寒"本义是形容情况的形成是经过长时间的累积或者是多种因素的影响造成的。而在物流与供应链管理的"长鞭效应"中可以体现出这样的特点。其中的"冰"即是各级厂商的需求和供给变动，而"寒"则是指影响供求变动的各种因素。具体来说，从零售商接收到的微小的市场波动，通过层层传导，累积到生产商那里就会产生巨大的波动。而这一波动并非是由简单的供求变动导致的，而是经过各级厂商的博弈、预测造成的。

所以在物流上的释义，即造成生产厂商生产计划发生剧烈变动的，并非是单纯的需求变动。

"长鞭效应"具体指：当供应链上的各节点企业只根据来自其相邻的下级企业的需求信息进行生产或者做出供应决策时，需求信息的不真实性会沿着供应链逆流而上，产生逐级放大的现象。使生产商的生产计划"冰冻三尺"的主要影响因素有以下六点：

1. 需求预测修正。考虑到损毁、漏订等情况，为了稳妥起见，供应链里的各环，在接收到下游的需求信息后，组织自身生产或采购时，都会在基础上加量。

2. 订货批量决策。为了减少订货频率，降低成本，厂商通常会采取少次大量采购法；同时为了规避断货风险，订货数量通常要大于所需的真实数目。

3. 价格波动。由于促销、经济波动等因素，或者与竞争对手恶性竞争导致了需求信息反映失实。

4. 短缺博弈。当需求大于供给时，供应链的上游会根据下游提交的订单比例分配有限的产品。所以下游厂商为了获取更大的配额，往往会夸大需求。

5. 库存责任失衡。在供应链中，通常是供应商先铺货，在下游完成清算后再结算资金，为了转嫁责任，销售商普遍倾向于通过加大订货量掌握主动权。

6. 应付环境变异。为了应付环境造成的市场不确定性，会加大库存以备不时之需，同时将风险转嫁给供应商。

古诗词篇

卖花担上，买得一枝春欲放。

经管161　慕天媛

出处

［宋］李清照的《减字木兰花·卖花担上》：卖花担上，买得一枝春欲放。泪染轻匀，犹带彤霞晓露痕。怕郎猜道，奴面不如花面好。云鬓斜簪，徒要教郎比并看。

解释

在卖花人的担子上，买得一枝含苞待放的花。

物流释义

此句包含了物流的采购管理原则：在合适的时间，以合适的价格，从合适的供应商处购买合适的数量和质量的商品或服务。该句中，“卖花担上”体现了采购的合适供应商，“一枝”体现了合适的数量，“春欲放”体现了合适质量的商品。

具体而言，合适的供应商应能提供好的产品和服务，包括商品的质量适当，成本低，可靠性好，具有履行合同的承诺和行动，对于供应商个体而言，其财政状况、整体服务水平、内部组织与管理及员工的稳定状况都是值得考虑的标准。

在处理与供应商的关系时，有着从传统竞争关系向合作下双赢关系转变的发展趋势。合作性的关系有助于降低采购的成本，改进商品的质量。通过建立信息共享机制、利益共享机制及有效的激励机制，促进质量改善和保障，实现长期合作。

随着互联网的发展，现代采购管理出现了电子采购的新模式，它将买卖双方无缝衔接，大大提高了采购效率，节约了采购成本和库存成本，实现了在短时间内信息共享下更加优化的采购过程。电子采购的出现改善了与供应商的关系，提高了客户满意度。

从“卖花担上，买得一枝春欲放”古时采购的悠闲之景到现代采购的风驰电掣之势，采购管理的发展不断向前推进着，物流的身影川流不息。

即从巴峡穿巫峡，便下襄阳向洛阳。

会计 101　张璐

出处

［唐］杜甫的《闻官军收河南河北》：剑外忽传收蓟北，初闻涕泪满衣裳。却看妻子愁何在，漫卷诗书喜欲狂。白日放歌须纵酒，青春作伴好还乡。即从巴峡穿巫峡，便下襄阳向洛阳。

解释

立即动身穿过了巴峡再穿过巫峡，然后经过襄阳再转向那旧都洛阳。

物流释义

诗句中，杜甫因收到了国家军队战胜的好消息决定举家搬迁，并打算通过水运从三峡出发经过襄阳最后抵达洛阳，期待能以最快的速度到达思念了很久的故乡。

举家搬迁代表了运送的物资很多，重量可观。在古代，运输方式贫乏，仅有陆运和水运可选，陆运主要依靠马匹、驴子和骡子拉动，马车容积较小，运载大批货物的话需要大量的马匹和马车以及车夫等，人力、物力等资源花费巨大，而且长途运输面临的风险不小，因此，对于家境并不是很富裕的人家来说陆运并不是很好的选择；相对地，水运可运载的货物数量巨大，人力、物力等花费远远小于陆运，同时风险较小，对于家境一般的人家来说，船运是最好的选择。

杜甫选择的水运路线代表了古代船运的一般路线，从巴峡到巫峡的过程中水流较急，缩短了水运的时间，从襄阳到洛阳的水面较为宽阔，适合行船，且单一路线行驶增加了航行负责人员对该路线的熟识程度，提高了水运过程的安全性，缩短了航运周期，可能当时还有更快捷的路线，但是因为古代水运并不发达，船上补给的周期较短，相对应的水运停靠的次数较多，可能还出于乘客数量的考虑，水运船只停靠的一般是当时较为繁华的地段，搭乘的乘客数量较多。可见，古代的水运已经将航行的安全性、便捷性和利润最大化等方面考虑在内，作为“第三利润源”的物流已经在这时初显其特性了。

折花逢驿使，寄与陇头人。

金融122　覃琪

出处

［南北朝］陆凯的《赠范晔诗》：折花逢驿使，寄与陇头人。江南无所有，聊赠一枝春。

解释

折梅花的时候恰好遇到信使 ，于是将花寄给你这个身在陇头的好友。

物流释义

作为物流的一个部分，物品的传递有了很大的发展。在古代，人们在给自己的朋友或亲人捎送物品时大多利用马匹进行传递，如今这种传递物品的方式已经基本上见不到了。诗人与友人远隔千里，难以聚首，只能凭驿使来往互递问候，而诗人在折梅花的时候，恰巧遇到送信的驿使，于是托信使把梅花传递给身在远方的朋友，来表达自己的问候以及深深的思念。我国古代的“飞雁传书”及使用驿站进行军事情报的传递，可以看作是中国物流业的萌芽。古代由于交通的发展有限，所以马匹是传输物品以及书信最常用的方式，每隔一段路程就有一个驿站用来供驿使和马匹休息。而这种物流方式，由于受天气、路程长短以及交通状况等多种因素的影响，往往不能在预期的时间内到达目的地。人们要想亲人或朋友收到自己的物品、信件需经过较长的时间。

这首诗所表现出来的物流仅仅体现了物品的简单转移，实行人工控制，物流的时间以及地点的控制都是由人来施行的，因此整个物流过程充满了许多不确定性。对于古代的物流业来说，由于中国封建社会的重农抑商大环境，物流更多的是伴随着军事和政治展开的，驿使大多传递的是一些军事情报、政治消息以及军用物资等，物流业发展的初衷并不是为了进行贸易，而更多的是为了军事上的信息传递和民间物品的传递，所以真正意义上算是商业活动的物流极少，偶尔有一些民间进行的物品传送，也大多不会涉及金钱问题。除此之外，由于古代物流过程中物流信息的闭塞，人们并不能及时了解到物品的传输情况，这就可能存在物品不能及时到达甚至不能到达目的地的问题。

诗句中对于托驿使将梅花传送给自己的友人，虽然并未涉及商业贸易，但却是物流发展过程中一个很典型的例子，是中国物流早期的一种形式，根据人们的要求，将物品从一个地点运送到另一个地点的过程。这也是物流业应用于民间的一个表现。

太平莫道全无象，脱绣鸣铃传送花。

会计 101　张佳音

出处

［宋］洪咨夔的《路逢徽州送牡丹入都》：飞絮游弄霁中华，出门芳

草渺天涯。太平莫道全无象，脱绣鸣铃传送花。

解释

该诗作于作者送牡丹花的途中路经徽州，面对柳絮纷飞芳草似画的江南春天，不由得感叹天下太平并不是没有标志迹象的。于是诗人满心欢喜地脱下绣鞋摇响铃铛向大家传递送花的消息。

物流释义

在这首诗中，作者描述了自己在配送牡丹花的途中路经徽州的所见所感。在交通运输极不发达的古代，当素有国色天香之称的牡丹花盛开之时，会有专人将牡丹花送往全国各地。

可以想象，古代运输花草植物的运输工具不外乎船、马车以及人力，虽然比不上当今社会的飞机、铁路、水路与公路运输，但是其中的过程也与当今物流无太大的差别，也是要经过搬运、运输、装卸以及配送，必要的时候还要经过包装与储存。当然，在这个过程中，最为重要的就是运输的过程。现代的花卉物流系统是一个复杂的系统，因为在保证花卉质量的同时又要力求成本的最小化与速度的最大化，从美国迈阿密的花卉物流系统中就可以看出花卉运输的复杂性。古人究竟是如何运输花卉的，我们不得而知，但是从这首诗中足以看出古人的智慧。同时，此物流所创造的价值即为将商品从集中生产地运到分散需求地创造的价值。

值得一提的是，该诗所表示的配送方式十分有趣：脱绣鸣铃传送花。与现代复杂的配送不同，作者仅仅是摇铃来通知花已送到，此后可能是一系列的验货卸货、结算货款等行为。

这个运输系统通过消耗资源创造“空间效应”——空间场所差异使同种产品的使用价值发挥到最大，也就最大限度地提高了产品的价值。这一项运输活动，在极大程度上实现了花卉资源的有效利用。在中国的古代，有众多关于“送花”的诗句。花卉代表着人们美好的愿望以及对美好生活的追求，从古至今扮演着极其重要的角色。无论是在古代还是在现代，花卉的流通始终都未停止过。

人稀废古井，水退筑新桥。

国经 101　李慧媛

出处

［南宋］陆游的《村游》：闭户苦无憀，行行不觉遥。人稀废古井，水退筑新桥。野店听山雨，僧厨馈药苗。湖中有高士，折简恐难招。

解释

古井因为人烟稀少而荒废，河水退却后人们筑起了新的桥梁。

物流释义

水井和桥梁都是人类生活的痕迹，它们随着人类活动而改变。笔者认为这句诗的物流含义是人们的物流活动会对社会结构产生影响，如郑州这座城市的兴起。

郑州仅用了短短的一二十年，就从一个默默无闻的小地方发展成为新兴的工商业城市。关键原因莫过于郑州是全国性的铁路枢纽，京汉、陇海两大干线在此交汇，推动了郑州铁路运输业发展，带动了城市工商业发展，促进了城市人口的增长和街市道路的拓展。

随着社会的不断发展，人们早已经脱离了自给自足的小农经济，商品交换在人们的生活中已经成为不可或缺的部分。商品交换的快速发展推动了物流的兴起和规模化，而物流反过来也影响了城市的发展和工商业的兴起。未来，物流所带来的巨大影响力将会慢慢地展现在人们的眼前。

云中谁寄锦书来？雁字回时，月满西楼。

经管101　胡雨诗

出处

［宋］李清照的《一剪梅》：红藕香残玉簟秋。轻解罗裳，独上兰舟。云中谁寄锦书来？雁字回时，月满西楼。花自飘零水自流，一种相思，两处闲愁。此情无计可消除，才下眉头，却上心头。

解释

云中的鸿雁你可否带来书信给我？可是只见大雁列队而过，月光洒满西楼。

物流释义

“鸿雁传情”的故事让鸿雁理所当然地成为人们心目中的物流工作者。在中国古代，物流是延续几千年的邮驿或邮传、驿传系统，交通的闭塞和不发达造成了商流、物流和信息流的不流畅。可能送信不如现代物流中所讲的商品所有权发生了改变，为最终消费者的需求服务，但在古代，由于种种不发达，人们总将家书看得重于万金。再把“信件”扩大来看，仍可见现代物流中的基本元素存于这小小的送信之中。

随着技术进步和经济发展，交通已然变得四通八达，运输工具主要是车、船、飞机等，对应的运输方式有公路、铁路、水路、航空。除此之外，还有管道运输。成本较高的汽车可以较快地送货到家；经济适用的火车可以大量运载远途货物；缓慢的轮船以最大的运货量担任着水上运输、远洋运输的任务，拉近国际市场距离；昂贵的飞机能将急需的小件物品最快送抵；而管道则主要用于大型工程的液态、气体等物质的运输。如果有需要还可以通过多式联运的方法，让货物又快又省地到达目的地，其中还可用托盘、集装箱减少搬运工作。种种途径让物流变得迅速又便捷，不会再因距离而增加等待之苦。企业和消费者可以根据自己的需求选择最满意、最合适的运输方式，更好地创造时间价值、距离价值。

从古到今，我们看到了太多的进步。就物流行业来说，除了运输方式的进步，采购、仓储、库存、物料装卸搬运与包装、配送管理与客户服务也都在摸索中进步，并且各功能慢慢从功能分类到功能集成，最后向一体化靠近，慢慢地达到更好的服务效果及盈利效果。正如马丁·克里斯多夫所说："21 世纪的竞争不是企业和企业之间的竞争，而是供应链和供应链的竞争"，"市场上将只有供应链而没有企业"，也希望日益进步的物流业要保证同步进步，挖掘出冰山之下的成本问题并加以解决，保证和巩固"第三利润源"的创收，从而更好地为消费者服务。

远梦归侵晓，家书到隔年。

电商 161　岳会

出处

［唐］杜牧的《旅宿》：旅馆无良伴，凝情自悄然。寒灯思旧事，断雁警愁眠。远梦归侵晓，家书到隔年。沧江好烟月，门系钓鱼船。

解释

乡关道路迢远，梦魂拂晓时才得归去，家人的书信要等来年方能寄到此地。

物流释义

中国古代的"物流"思想源远流长，虽然"物流"的概念与现在相比千差万别，但是为了实现"物"的有效流动，历朝历代都做了很多努力。

在运输方面，由于时代的局限性，古人的运输方式仅有陆运和水运两种。陆运固然有，否则也写不出“一骑红尘妃子笑，无人知是荔枝来”的金句，但是与这种小而快的运输方式不同，古代更多时候运输规模都十分庞大，且要由穿梭于山川、沙漠的马帮或驼队扛起任务，运输速度可想而知。总的来说，水运在古代扮演着更重要的角色，尤其是粮食作为十分重要的资源，河渠的起点及终点多位于京师与产粮区。但是，无论是陆运还是水运，在古代都有着很大的局限性。

而现代的物流运输已经不可同日而语，运输方式与科学技术的发展紧密相关。现代的运输方式不仅有公路运输、铁路运输、水路运输和航空运输，还包括管道运输、集装箱运输及多式联运。每种运输方式的运价、运速、运输能力各不相同，都有其各自的优缺点，可以根据需要选择最合适的单一运输工具，也可以选择多式联运，甚至可以外包给专业的物流公司。

现代物流运输的进步突飞猛进，在运输速度、运输成本以及运输能力上远远超越了古代运输，节省了大量的人力、物力。若是放在现代，家人的书信就不用等到明年才能送到远方游人的手中了。

年年战骨埋荒外，空见蒲桃入汉家。

金融 161　郭怡君

出处

［唐］李颀的《古从军行》：白日登山望烽火，黄昏饮马傍交河。行人刁斗风沙暗，公主琵琶幽怨多。野云万里无城郭，雨雪纷纷连大漠。胡雁哀鸣夜夜飞，胡儿眼泪双双落。闻道玉门犹被遮，应将性命逐轻车。年年战骨埋荒外，空见蒲桃入汉家。

解释

每年战死的将士们尸骨埋葬在荒寒之地，换来的却只有西域葡萄传入汉家。

物流释义

《古从军行》是一首典型的边塞诗。本诗除了描写边疆将士们的苦寒生活，最后一句也点出了汉朝重要的贸易路线——丝绸之路。丝绸之路连接西域和大汉，是西域商品传入天朝、天朝商品流入西域的关键路线。虽然作者对于“蒲桃入汉家”的结果持讽刺态度，但是从当局者的角度来看，不可否认贸易通商对于国家稳定繁荣有着非凡的意义。

贯穿丝绸之路始终的就是物流活动。西域和汉朝的商人通过马车、人力等手段，借助不同的交通工具将商品运输到固定的交易场所进行交易。整个商品贸易的流通过程伴随着物流、商流和信息流的交换与传递。物流活动包含商品的加工、包装、装卸、储存和运输等多个活动。长期的物流经历给予人们足够的经验和能力对物流中存在的问题进行变革，如如何解决茶叶等产品的贮藏问题，如何解决瓷器、丝绸的包装问题，如何合理规划商品运输路线以达到缩短运输时间的目的等。物流活动的进行带动相关技术不断地在实践中汲取经验、操磨历练，最终实现创新和进步。与此同时，商品的流通过程也伴随着资金和信息的流通和交换。双方商人借助资金周转和信息共享为合理安排生产计划、管理库存和控制成本提供了有效的解决途径。

在丝绸之路发展的基础上，我国还开辟了海上丝绸之路，在陆路运输的基础上开辟了水路运输。从贸易发展的角度看，海上丝绸之路的开辟拓展了贸易市场，更多的国家和地区能够参与国际商品的交换活动。从物流的角度看，是我们丰富了现有的运输方式，实现了陆路运输和水路运输的并行发展。海上丝绸之路的发展也反映了我国在商品运输、储存、包装加工等方面的技术进步，体现了当朝在物流管理内容和制度方面的丰富、完善。

万艘龙舸绿丝间，载到扬州尽不还。
应是天教开汴水，一千余里地无山。

金融 113　王其乾

出处

［唐］皮日休的《汴河怀古》：万艘龙舸绿丝间，载到扬州尽不还。应是天教开汴水，一千余里地无山。尽道隋亡为此河，至今千里赖通波。若无水殿龙舟事，共禹论功不较多。

解释

其一，无数艘龙船行驶在嫩绿的杨柳间，这些船队载到扬州没有一艘回到长安。这里1000余里地方没有山峦，应该天生用来开凿汴水的。其二，都说隋朝亡国是因为这条河，到现在它还在流淌不息。如果不是当时修龙舟的事情，（杨广）功绩和禹大概也比得上了。

物流释义

先不提这首诗对于隋炀帝的讽刺，但就运河来说，作者是持肯定态度的，京杭大运河是中国运输业最大的奇迹，一条贯穿南北的运河，建造时虽然劳民伤财，但运河成型后，让后世受益无穷，南北的运输从此摆脱了传统的陆路运输，大载货量和稳定的运输环境都是十分理想的。在一定程度上，京杭大运河创造了后世的繁华，唐宋盛世，中国经济走向了一个巅峰，可见一个良好的物流系统带给国家和人民的巨大收益。

白河流水日汤汤，直到天津接海洋。

我欲乘舟从此去，明朝便拟到家乡。

经管 161　蒋家琪

出处

［明］归有光的《初发白河诗》：白河流水日汤汤，直到天津接海洋。我欲乘舟从此去，明朝便拟到家乡。

解释

白河的流水浩浩荡荡，一直流向天津最后汇入大海。我想从这里乘船出发，估计明天早上就能够回到家乡。

物流释义

这是一首描写京杭大运河的诗。京杭大运河全长 1797 千米，是世界上最长的人工河。京杭大运河始于春秋时期，形成于隋代，发展于唐宋，最终在元代成为沟通海河、黄河、淮河、长江、钱塘江五大水系，纵贯南北的水上交通要道。修建完成后，其运输和吞吐能力均有了大幅度的提高。诗句中“我欲乘舟从此去，明朝便拟到家乡”说明了新修建完工的大运河缩短了水路出行的时间，使水路出行更加快捷，也说明京杭大运河的修建为水路运输、交通提供了便利，使水路运输、交通有了迅速的发展。

古时候的货物运输主要是水路和陆路。陆路的交通工具以马车为主，中国幅员辽阔，地势多样、复杂，在当时的交通状况下，陆路不但耗时长、运载量小、安全性差、货物损失大，而且途中的其他运输成本等更是高昂。举例来说，运一车粮食的成本堪比两三车粮食的价格；即使陆路具有比较灵活、方便，周转较快，对自然条件要求不高等优点，也只适合路程不长的运输。与陆路相比，水路主要靠船运输，缺点是耗时长、受自然条件影响大、灵活性差、连续性差，但运载量很大，成本低，运输费用相对便宜，货物的损失比较小，十分适合对大型货物的长距离运输。而且当时除了运送其他货物和生产资料，南粮北运是很普遍的，京杭大运河的开通无疑增大了每次的运量，缩短了运输的时间，减少了运输距离，降低了运输成本，实现了运输的规模效益，促进了物流的发展。由于京杭大运河沟通了五大水系，也使水路运输变得四通八达，在一定程度上代替了陆路运输。

古时候的物流运输方式很有限，所以京杭大运河的修建是物流发展过程中的一个重大飞跃，这首《初发白河诗》就赞美了京杭大运河使交通运输变得快捷、方便，也为后日京杭大运河的申遗提供了支撑。

大道南北出，车轮无停日。

金融103　赵慧源

出处

［南宋］陆游的《路傍曲·大道南北出》：大道南北出，车轮无停日。彼岂皆奇才，我独饥至夕。

解释

在通向南北远方的大道上，车轮没有停歇的时刻。

物流释义

初读这句话，笔者的第一感觉是它在描述一个运作良好的物流企业：在交通方便的地带，这个物流企业的运货车不停地接收或送出货物，没有任何闲置车辆和机器。同时，企业良好的供应链管理可以使一个生产加工的企业实现零库存。从生产线开始生产的那一刻起，生产线的“轮子”

转动，到生产完成，产品的下一秒直接放到货车，送达下一站。这个产品一直在一个不停歇的“轮子”上，在社会中流通着。笔者想这就是一个供应链最理想的状态了。

对于物流企业来说，配送中心的选址十分重要。要选择交通方便的地带，就像“大道南北出”一样，方便快捷的公路设施可以有效地节省运输费用，使运输成本下降，使企业的利润达到最大化。同时完善的配送系统包括配送基础设施、配送装备、配送网络（包括节点之间的配置）、配送管理、配送信息系统，在物流资源合理配置的过程中都发挥着积极重要的作用，运输线路的交错、物流基地的环境与设施，车辆的状况与装置，还有节点之间的配置，配合以调度和电子信息系统的加入，都成为一个企业在运输、配送方面需要着重考虑的因素。

对于物流企业来说，Just In Time 的生产方式能有效地帮助企业实现零库存的目标。其实，物流意义上的零库存并非不要库存或没有库存，而是实现库存量的最小化。但 JIT 生产方式的特点在于“需要的时间，按需要的量，生产所需的产品”。这种生产方式的优势是没有大量的库存占用资金，可以降低成本。同时 JIT 还可以快速地应对市场的变化，极大地节约了时间、人力成本、资金的占用，从而实现企业利润最大化。

正如马丁·克里斯多夫所说：“21 世纪的竞争不是企业与企业之间的竞争，而是供应链与供应链之间的竞争。”所以，我们所期待的成熟供应链应该是：在存货管理方面，供应链的成员之间有高效的协调和沟通；在存货流上，供应链之间平衡；分享信息，分担风险，而整个供应链的成本是基于最终客户的成本，组织之间的关系基于成本的合作。这个时候，不是企业这个个体在商海中战斗，而是它有着强大的供应链在支持着它的每一步发展。与此同时，整个社会的物流水平也会在一定程度上达到“大道南北出，车轮无停日”的理想状态。

白日风尘驰驿骑，炎天冰雪护江船。

金融102　金贝荻

出处

［明］何景明的《鲥鱼》：五月鲥鱼已至燕，荔枝卢橘未能先。赐鲜遍及中珰第，荐熟应开寝庙筵。白日风尘驰驿骑，炎天冰雪护江船。银鳞细骨堪怜汝，玉箸金盘敢望传。

解释

骑着马运送（鲥鱼）的公差顶着烈日在风尘中奔驰；由于天气炎热，水运时装在船上的鲥鱼用冰镇着以免腐臭。

物流释义

原诗写于明朝，鲥鱼是一种十分鲜美的鱼，明、清两代都曾被列为贡品，要用快马从江南运至北京，诗人何景明借当朝统治者所求珍品义工享用之急，江南官员为讨好朝廷不惜运送的人力、物力来讽刺当时的明王朝腐败，然而从现代人的眼光来看，简单的两句诗却体现了古代物流的运输、保管、搬运、包装、冷藏、加工乃至信息活动等。而具体的运送情况我们可以从清初吴嘉纪的《打鲥鱼》“……天边举匕久枨迟，冰填箬护付飞骑。君不见金台铁瓮路三千，却限时辰二十二”看出铁瓮就是今天的镇江，盛产鲥鱼的镇江距京城近3000里，却要骑马在22个时辰（即44个小时）赶到，这样的鲥贡在劳民伤财的同时也给当时的江南地方官员出了不小的难题。

鲥鱼出网即死，而且一旦死了就会很快变臭，为了将最新鲜的鲥鱼呈给圣上，人们用快马与快舟接力运送：一旦接到宫中的文件便要到蒙阴沂水等地挑选健马，在船头等捕鱼网打捞起，即迅速装上马匹飞送；然后再用冰雪船（冬季开始储藏的自然冰）沿着大运河送至北京，农历五月天气炎热，而水运速度较慢，公差在运输船上装填了冰块来对鱼肉进行保鲜，只为了让这娇贵的鱼肉不至于变坏。而结合清吴嘉纪的诗我们也可看出清初的鲥贡采用了“箬”——即一种和粽叶类似的较宽的竹叶在运送途中装裹鲥鱼，其作用类似于现代物流中的包装，在运输中起到保护和保鲜的作用。清朝一位叫余孔瑞的官员进谏康熙作《请停供鲥鱼疏》，说鲥鱼要送达北京，路程有2500里，30里一站竖立旗杆，白天挂旗、夜晚挂灯，每站即换人马，共用马三千，用人数千，途经山东一带时山路崎岖，州县官员差人运木修桥、取石修路。从这段中我们可以看出运送过程劳民伤财，但是在古代没有发达的交通工具的情况下，这种高成本的运送仍然可以看出现代物流运送的雏形，这不只是物品的机械性流动，更蕴含着时间性、场所性等有价值的复杂的经济活动。难怪有人曾说唐时运送荔枝、明清进贡鲥鱼是古代的两大“特快专递”！

一驿过一驿，驿骑如星流。平明发咸阳，暮及陇山头。

金融111　李清清

出处

［唐］岑参的《初过陇山途中，呈宇文判官》：一驿过一驿，驿骑如星流。平明发咸阳，暮及陇山头。陇水不可听，呜咽令人愁。沙尘扑马汗，雾露凝貂裘。西来谁家子，自道新封侯。前月发安西，路上无停留。都护犹未到，来时在西州。十日过沙碛，终朝风不休。

解释

在这里把驿骑比作流星，“一驿过一驿，驿骑如星流”，指运送战报的快马在运送的过程中如流星一般飞快，经过了一站又一站，“平明发咸阳，暮及陇山头”，指在运输过程中，早上从咸阳出发，傍晚便到达了陇山山头。

物流释义

由于需要传送的是消息，因此物流的采购、仓储等在此句中体现得不明显，这句诗强调的是物流的运输职能，对于货物而言，运输是利用运输工具和运输设施实现物资长距离空间位置转移的活动。在选择运输方式时，要考虑三个因素：运输成本、运输时间、灭失与破坏。

1. 运输成本。影响运输成本的因素有距离、装载量、产品密度、空间利用率、搬运的难易及市场因素等。距离在当时的条件看来是比较遥远的，所以使得运输的成本不会很低，而由于运输的是信件，因此装载量、空间利用率、搬运的难易对运输的影响较小，在当时的条件下，市场因素的影响也较小，因此距离是影响价格的主要因素。

2. 运输时间。运输时间从两方面影响运输费用：①货物价值由于其适用期有限可能会造成损失，②对高价值货物或货运量很大的货物，货物在运输中由其价值表现的资本占用费可能会占成本的很大比例。在此句中，信息的延误有可能带来国土的流失，因此对运输时间有着很高的要求。为了尽量缩短运输时间，应选择八百里加急的快马运送。

3. 灭失与破坏。唐朝法律中对邮递过程中的种种失误的处罚都规定得很细，稍有差错，便会受到严厉处罚。凡在驿途中耽误行期，应遣而不遣者，杖一百；文书晚到一天杖八十，两天加倍，以此类推，最重的处徒罪2年。唐律规定，假如耽误的是紧急军事文书，则罪加三等。因书信延误而导致战事失败则判处绞刑。而泄露重大机密者处以绞刑。从严厉的法律来看，一般强盗不会去动这些重要文件，免得招致官方的拼命剿杀。而在交战时，应早料到敌方或会埋伏拦截情报，至少会多途径多人携带文书以防万一。因此，为了防止灭失与损坏，应选择八百里加急的快马运送。

由于受到事件所处朝代发展水平的限制，运输的主要工具是马匹，运输设施便是土路。在当时的条件下，运输的方式选择有限，因此选择八百里加急快马配送是最为快捷的运输方式。

云连阊节旌旗暗，水泛商船鼓笛浮。

会计 111　张琦

出处

[宋] 董嗣杲的《江州寒食》：殊乡寒食亦风柔，桃李在香掩燕楼。周子墓头谁拜扫，岳家园里自嬉游。云连阊节旌旗暗，水泛商船鼓笛浮。江国日长饶客思，不知何事阻归谋。

解释

在广阔无边的江面上，无数的商船在水面航行，天上的云彩和船甲板相连，使得船上飘扬的旗子都暗淡了下来，但是江面商船上传来的阵阵鼓声铿锵有力，笛声连绵不绝，婉转动听。

物流释义

先从与物流有直接联系的一句来看，“水泛商船鼓笛浮”，商船说明是水路运输，有很多的货物从各地运来，途经江州，可能还要继续上路去它的目的地，也可能江州是商船的终点，从这些信息来看，这里涉及物流的运输、储存、装卸搬运、包装以及在路上或集市的买卖交易活动，所以我们可以从以下方面来进行分析：

第一，从运输方面来看，采用水路运输，说明到江州或者它的最终目的地，有很便利的水路条件，航运发达。从诗中也可以看出来，这条河应该很宽阔并且载运量很大，要不也不会“鼓笛浮”（说明船多）。从现代的物流知识来看，水路运输的长处有：运输成本最低，运输量最大，能耗最低，能够实现大陆间的运输，特别是远洋大型船舶长距离运输更是其他运输方式无法取代的，即使当时的船舶建造技术水平很低，水路运输仍有无比的优越性。在本诗句中，商船数量大可见航运的繁荣和货物买卖市场的需求活跃性。

第二，从储存和包装方面来看，采用水路运输说明货物保质期应该比较长，能够抵抗在路上花费的时间带来的货物变质的风险。由于是水上运输，所以对于货物要做好防水防潮的措施，如在货物上包一层帆布或者油纸来防水防潮，要是有易潮的货物既要做好防水防潮措施，又要将其妥善安置在干燥适宜的舱位。由于上岸后还要将货物搬运至指定地点，所以货物的包装要符合抗压、易搬动的特点。

第三，从储存和装卸搬运方面来看，在靠岸后，要有足够的人力并计算好停靠时间来卸货，如果存储地为港口所在地就比较方便，如果存储地距离港口较远，就要设计好到存储地的搬运和运输方式，达到耗用最小。

第四，从市场来看，货物的存储最好不要距离市场太远，否则会带来运输的较大耗费，带来不必要的成本。

噫吁嚱，危呼高哉！蜀道之难，难于上青天！

会计 111　杨旭光

出处

［唐］李白的《蜀道难》：噫吁嚱，危乎高哉！蜀道之难，难于上青天！蚕丛及鱼凫，开国何茫然！尔来四万八千岁，不与秦塞通人烟。西当太白有鸟道，可以横绝峨眉巅。地崩山摧壮士死，然后天梯石栈相钩连。上有六龙回日之高标，下有冲波逆折之回川。黄鹤之飞尚不得过，猿猱欲度愁攀援。青泥何盘盘，百步九折萦岩峦。扪参历井仰胁息，以手抚膺坐

长叹。问君西游何时还？畏途巉岩不可攀。但见悲鸟号古木，雄飞雌从绕林间。又闻子规啼夜月，愁空山。

解释

啊呀呀，多么高多么险峻啊！蜀道真太难攀，简直比登天还难。

物流释义

随着经济的发展以及技术的进步，蜀道已经不再难走，火车、汽车、飞机都可以很便捷地到达蜀地。但是对于唐朝当时的技术来说，蜀道确实非常艰险。那么对于现在来说，物流发展中有没有像当时那样的瓶颈与困难呢？答案是肯定的，如虽然中国物流蓬勃发展，但是相对于中国辽阔的国土，物流的运送效率就有很大的区别。东部发达地区效率较高，但是到了偏远地区，物流成本大大提高，效率急剧降低，在淘宝店里经常看到“满××元包邮（内蒙古、青海、海南、西藏、新疆除外）”等现象，这会让这些地区顾客的购买成本提高，从而降低购买欲望，影响店铺的销量。这种物流发展的不均衡现象，对于那些偏远地区、物流不发达地区的人们来说，可以称得上是“蜀道难”。

当然，通过剖析我们可以看到，这不仅是宏观上交通、政策支持的问题，也是我国物流企业的产业布局问题。从宏观上来看，这些地区物流的落后一方面是市场问题，消费量少，生产的产品少，大多内销，运送不频繁，导致运输物流的发展滞后，另一方面也确实是因为交通布局的暂时落后，影响了运送的时效。但是，物流企业为了成本和利润而选择后发展这些地方的物流。客观困难固然很重要，但是起决定作用的还是主观因素。既然这是一片待发展的区域，在未来有着很大的利润增长空间，谁能提早布局，谁就能抢占市场先机。一旦物流布局成功，当地的企业发展也会反过来带动物流的繁荣发展，形成良性循环。

还有一个“蜀道难”的问题就是物流“最后一公里”的瓶颈。对于物流行业来说，“最后一公里”物流是配送的最后一个环节。其优势是可以实现“门到门”，按时按需地送货上门。但是在我国“最后一公里”的配送普遍存在成本高，顾客满意度低的现象。为了解决这一问题，提高物流效率，可以通过建立专门的城市配送车辆系统、提高快递人员的录取条件等方法来解决。

总之，每个行业都有自己的瓶颈，物流行业也有自己的“蜀道难”，但是只要我们分析问题产生的原因，想出解决办法，就可以不断提高物流的发展水平。

扬州锦绣越州醅，巨木如山写蜀材。
黄鹤楼头望灯火，夜深江北估船来。

会计 112　李子祺

出处

［清］姚鼐的《汉口竹枝词》：扬州锦绣越州醅，巨木如山写蜀材。黄鹤楼头望灯火，夜深江北估船来。

解释

醅：原意没过滤的酒。后泛指酒。估船：商船。扬州的锦缎丝绸、浙江越州的美酒、从四川来的堆积如山的木材都运到汉口这里来。在黄鹤楼上望江上的灯火，那是夜深人静时到江北来的商船。

物流释义

这首诗描述了汉口在当时万商云集、商品争流的盛景。从扬州运来的丝绸锦缎和从越州运来的美酒、从四川运来的巨木都汇集于此，然后再运往全国各地。

从地理位置来说，扬州位于长江下游北岸，汉口处于扬州的上游。在古代，从扬州运输丝绸到汉口选择水路运输，不仅运载量大而且运费低，但是受到自然条件的限制，速度比较慢而且容易形成货损。并且在当时技术条件受限制，没有现在便捷的运输条件，对于运输的速度也是没有帮助的。

越州位于现今的绍兴市越城区，制酒很有名，有“越酒行天下”之说，地处平原水网地带，内河航运发达，在当时也选用水路运输的方式将越州酒运到汉口。

四川位处武汉的西边，长江也从其境内流过，诗句中没有明确表示出这些巨木的运输方式，但是经过查阅资料得知，清代水运已经比较发达，在清代两湖以及四川地区的木材通过长江运输，依靠木材本身的漂流，称作“放排”。

这首诗大致可以看出古人选择运输方式时所考虑的因素。在古代，受技术水平的制约，大规模的物资运输是比较困难的，诗中所描写的地区都位于水网发达、航路便利的地方，采用水路运输是十分方便的，如四川的木材运到汉口，距离是比较长的，并且大型木材的搬运是很困难的。如果当时采用陆路运输，不仅耗费人力、财力，还增加了运输时间，比起水路运输来是很不划算的。而采用水路运输，使木材顺水漂流而下，就免除了船舶装载量的问题，也不用担心距离长而耗费过多的人力、财力。

竹马踉蹡冲淖去，纸鸢跋扈挟风鸣。

会计 122　赵婧文

出处

［南宋］陆游的《观村童戏溪上》：雨余溪水掠堤平，闲看村童谢晚晴。竹马踉蹡冲淖去，纸鸢跋扈挟风鸣。三冬暂就儒生学，千耦还从父老耕。识字粗堪供赋役，不须辛苦慕公卿。

解释

竹马在地面上奔跑，跑来跑去晃晃悠悠连人带“马”冲进了烂泥塘里，好不扫兴；风筝在空中飞舞，左右摇摆，又飞又叫，好不骄横。

物流释义

此诗描述了发生了意外的竹马，掉入了泥淖。相对应物流与供应链管理中的是物流的最基本问题——安全性，很多物流发展过程中，企业不断地提高工作效率，提高服务质量。物流的飞速发展带动了城市经济的飞速发展，加快了城市与城市之间的物资、货物的运输实效，但物流企业也应更加注意物流安全性管理的保障，否则将会从根本上遏制物流的生存与发展。在进行有效成本控制的同时，物流企业应采取各种措施保证物流各个环节的安全性。试想，如果不能保证物流的安全性，不管是对企业本身还是客户都会产生恶劣的影响。将此诗句的意思进行引申不难发现安全性的保障在物流与供应链管理中的重要性。例如，需要将一批大连的器械通过海运运往广州，如果在物流过程中忽略了安全性的检查和确认，发生了意外事故，致使大量器械沉入海底，无法挽回，将是一笔极大的损失，对于物流公司来讲，不仅要遭受巨额的赔偿损失，而且企业的声誉也将受到很大影响，造成无法弥补的局面。所以，在整个物流与供应链管理的各个环节，都要随时高度重视安全性的保障，保证不发生意外而造成损失，否则会对整个供应链造成无法估计的影响。不能盲目地为了提高效率或降低成本而忽略最基本的安全性问题，安全性的保障是物流与供应链的根本要求，物流管理失去了这一点就像建筑物失去了地基。所以，在物流与供应链管理中一定要高度重视安全性的保障。

故人西辞黄鹤楼，烟花三月下扬州。
孤帆远影碧空尽，惟见长江天际流。

金融 132　蔡雪琪

出处

［唐］李白的《送孟浩然之广陵》：故人西辞黄鹤楼，烟花三月下扬州。孤帆远影碧空尽，惟见长江天际流。

解释

老朋友在西面的黄鹤楼与我辞别，在三月份烟雾弥漫、繁花似锦的春天去扬州。孤船的帆影渐渐远去消失在碧空的尽头，只看见长江浩浩荡荡地向天边流去。

物流释义

读《全唐诗》，可以发现里面不少诗句都与物流有关，其中尤以李白的诗为最。

这首诗第一句“故人西辞黄鹤楼”首先点明了物流的起始地点。老朋友将要离开黄鹤楼。第二句“烟花三月下扬州”中的“下”字最为传神，表明了物流的目的地。接着分析第三句“孤帆远影碧空尽”，可见故人是乘帆船离开。由此我们可以看出在几千年以前，水运就得到了重视与发展，且已经成为大家出行便捷的交通工具之一。结束句“惟见长江天际流”，充分说明老朋友乘坐的船以极快的速度离去了，只剩下诗人望着浩浩荡荡的长江黯然神伤，也充分说明古时候水运的速度还是比较快的。

在这里，笔者想继续分析一下为何去往扬州的故人选择水路这种方式。首先，黄鹤楼的故址在今湖北武汉市武昌蛇山的黄鹄矶上，属于长江下游地带，而扬州位于今江苏省中部，位于长江下游东岸。这两个城市由长江串在了一起。选择水运（河运）是一种最为简便的方式。而诗中已经明确写出“下扬州”，可见从黄鹤楼至扬州一路为顺流而下，这样的话较陆运来讲将节省许多时间，用顺风顺水来形容这段旅途再恰当不过了。其次，我们都知道，古时候的陆运基本靠马车、牛车，不仅车夫需要付出相应成本，马和牛的食物也需要成本。而顺流而下的船只则免去了这些额外成本。最后，扬州在古代为开元时代的繁华城市，故人选择这种成本低、运量大、速度较快的交通方式，大概是为了将更多的盘缠花在那个暮春时节、拥有迷人景色的阳春烟景之地吧（这个原因纯属个人猜测）。

一寸光阴一寸金，寸金难买寸光阴。

会计 122　王远程

出处

［唐］王贞白的《白鹿洞二首・其一》：读书不觉已春深，一寸光阴一寸金。不是道人来引笑，周情孔思正追寻。

《西洋记》第十一回：可叹一寸光阴一寸金，寸金难买寸光阴。寸金使尽金还在，过去光阴哪里寻？

解释

比喻一寸光阴和一寸长的金子一样宝贵，而一寸长的黄金却不能买到一寸光阴。说明时间的宝贵，应珍惜时间。

物流释义

时间成本对物流来说是相当重要的，如果因为各种问题耽误了物流的正常运行，那么有些时候对物流公司来说很可能是一场灾难。在物流企业之间的相互竞争中，时间的合理分配极其重要，合理的安排、有序的配送影响着企业的命脉。现在的物流仓库都有人和计算机相互配合的方式快速进行货物的寻找和配送，甚至有不少公司开始使用全自动化技术进行仓库管理。也许在未来，物流将会发生翻天覆地的变化，仓库也将会被淘汰，用户需要的商品在生产地直接进行生产，然后通过量子传输或者维度传输就可以迅速传送到用户的手中，通过计算机对用户的订购进行合理的排序，通过科技的力量真正实现零库存。现今的科技发展是一个极其关键的时候，信息化在朝着扁平化方向发展，相信不远的将来，这些技术都能够实现。

闻道寻源使，从天此路回。

牵牛去几许？宛马至今来。

金融 122　廖辰媛

出处

［唐］杜甫的《秦州杂诗·闻道寻源使》：闻道寻源使，从天此路回。牵牛去几许？宛马至今来。一望幽工隔，何时郡国开？东征健儿尽，羌笛暮吹哀。

解释

“寻源使”：汉武帝派张骞等人出使西域，寻找黄河源头，故后人称张骞等人为“寻源使”。

物流释义

“闻道寻源使，从天此路回。牵牛去几许？宛马至今来。”描写了汉朝张骞为探访西域各国，与其建交而打通的丝绸之路。

丝绸之路是指起始于古代中国，连接亚洲、非洲和欧洲的古代路上商业贸易路线。从运输方式上分为陆上丝绸之路和海上丝绸之路。陆上丝绸之路起于西汉都城长安（东汉延伸至洛阳），是我国古代第一条也是唯一一条东方与西方之间进行经济、政治、文化交流的主要道路。

这句诗反映了丝绸之路的最初作用——贸易物流，即运输中国古代出产的丝绸至西域，再从西域各国引进戎马、毛毡等中原没有的珍品。

该诗句记叙了张骞带领汉朝商队将丝绸、瓷器等珍品从长安运输到西域各国的物流过程。商队将运输、储存、装卸、搬运、包装、流通加工、配送、信息处理等实施有机结合，即在出塞前对所有物品进行包装、装载；途经各地时需要进行物品的搬运、储存、再加工等；抵达西域各国与其互换珍宝，传递两国友好交往的信息，建成长期的贸易伙伴关系。自从张骞与西域有了物品流通以后，中国和中亚及欧洲的商业往来频繁。

物流流通是奠定西汉与西域各国友好交往的基础，诗人通过汉代昌盛对比唐朝，为大唐国力衰弱感到无奈和伤悲。

由此可见，该诗句还表达了物流的另一个作用，即连接世界，加速全球经济一体化。

通过这条贯穿亚欧的大道，中国的丝、绸、绫、缎、绢等丝制品源源不断地运往中亚和欧洲。西域特产的葡萄酒经过历史的发展也得以融入中国的传统酒文化。另外，通过物流活动，中国古代的传统文化也得以西传。《金刚经》雕版残本如今仍保存于英国，说明印刷术在唐代至少已传播至中亚。不仅印刷术还有火药、指南针等，都为后来的西方工业革命、发现新大陆等奠定了基础。

物流加速商流进程，为信息流和资金流的运转提供了根本保证。它不仅确保了货物实体流通，更通过密布的物流网将世界紧密联系在一起，形成社会大分工，促进全球范围内的文化交融和经济发展。

出窑花枝作态寒，密房拱火暖春看。
年年天上春先到，十月中旬进牡丹。

金融 122　杨倩

出处

［清］查浦老人的《失题》：出窑花枝作态寒，密房烘火暖春看。年年天上春先到，十月中旬进牡丹。

解释

刚出冷窑的牡丹花，还是含苞待放的样子。花匠将其放在秘密温暖的房间里，使其恢复生长。每一年春天都先来到，十月中旬（冬季）大臣才入朝进贡牡丹。

物流释义

这首诗描写了冬季温室育花，入朝进贡的事。为了延迟牡丹开放的时间，花匠们将其放在温度较低的冷窑中冷藏，等到节日将近的时候，才把牡丹拿出来放在温室中使其恢复生长，只为了让牡丹在节日绽放，再将其运送入京，以高价售入宫中，以供达官贵人们赏花玩乐。该诗主要批判了清朝统治者的腐败，但其中也蕴含了许多物流知识。此诗中的达官贵人相当于现代的顾客，而花匠则相当于现代的生产者和物流服务商。这首诗描写了牡丹从生产领域到消费领域的过程，通过储存保管和运输两个物流环节体现了物流的增值性。

牡丹多在四五月开放，但那时正是牡丹数量最多的时候，其价值远远不如10月中旬的节日，因此花匠们为了让牡丹卖个更好的价钱，在四五月其本该开放的时候将其放入冷窑冷藏，等到10月中旬节日到来的时候再将其从冷窑中拿出，放入温室中使其恢复生长，而此时正是牡丹稀缺的时候，“物以稀为贵”，可想而知，这个时候的牡丹价格必定早已远远超过四五月时的市价。通过改变货物提供的时间点，延长供给与需求之间的时间差来增加商品的价值，在这个过程中，物流活动就创造了时间价值。

另外，牡丹的生长地在宫外，若花匠们就近将牡丹卖入寻常百姓家，其价格一定不及宫中达官贵人们所出的价格。一是平民百姓收入较低，其能承担的价格和支付能力本来就不及宫中大富大贵之人。二是平民百姓少有赏花的兴致，而宫中的人们却追求高雅的事物，并且在宫闱之中，人们接近新鲜事物的机会本就不多，因此，他们对牡丹的需求程度就大大高于自由的平民百姓。这就不难理解为什么花匠们费尽心力培育牡丹，并将其保存至冬天再运送入京，是因为宫中的达官贵人门既具备了购买牡丹的能力，又对牡丹有着强烈的需求（购买欲望）。因此，将牡丹售予宫中之人，可以卖得民间百姓无法负担的高价。将货物从需求较低的地区输送到需求较高的地区，从价值较低地区输送到价值较高的地区，这个过程创造了场所价值。

因此，笔者认为这首诗通过对牡丹从生产地到销售地的过程描写，充分表现出了物流给货物带来时间价值和场所价值的功能。

云雨难亲，咫尺天涯，别是乾坤。

会计 131　王欣然

出处

［元］王举之的《虾须帘》（双调）：隔花阴轻护朱门，水影藏娇，海气笼春。月晃纤波，风摇细浪，迹远凡尘。翡翠亭低垂燕嗔，水精寒深秘龙珍。云雨难亲，咫尺天涯，别是乾坤。

解释

形容表面看起来有联系，或是看起来很近的事物，之间的距离却很远很远。一般是指无形的距离，像云和雨那样分开后不再亲近，就算之间相隔不过一尺，也好像是在天涯海角，天各一方。

物流释义

21 世纪物流的发展之快是大家有目共睹的。物流在如今人们生活中的地位也越来越高，物流技术的发展让人们享受了足不出户便可随意挑选各个地区甚至各个国家自己所需所喜欢的商品，这些商品的随意选购顿时拉近了人们之间的距离，人们似乎觉得这些商品就像在自己的身边任其挑选，但其实商品可能分散在世界的各个地方。以笔者为例，因为是女孩的缘故，所以笔者是一个长期混迹于淘宝、天猫、京东等各种电子商城的人，在以前还没有这些电商平台的时候，从来没有想过去买离自己居住地较远地区的商品甚至海外产品，觉得不太可能实现，空间距离过远，而物流业的发展使这些电子商城迅速发展壮大，短短几年内，笔者接触到淘宝、天猫、唯品会等电商平台，从此开始了网购生涯，以前觉得离自己特别遥远的海外产品现在也可以简单地在网上选择各个地方的代购来解决，这感觉似乎这些产品就在笔者的身边触手可及。这便是看起来离我们很近的事物其实离我们非常遥远。在社会主义市场经济条件下，经济社会发展离不开物流，市场经济越发达，物流的作用，无论从微观经济的运行上还是从宏观经济的运行上，都显得更为重要。

六月鲥鱼带雪寒，三千江路到长安。

会计 131　闫姿君

出处

［明］于慎行的《赐鲜鲥鱼》：六月鲥鱼带雪寒，三千江路到长安。尧厨未进银刀鲙，汉阙先分玉露盘。赐比群卿恩已重，颁随元老遇犹难。

迟回退食惭无补，仙馔年年领大官。

解释

描述在盛夏六月，进贡到长安的鲥鱼还带着冷藏的寒雪，经过3000里的水路，仍然十分新鲜的景象。

物流释义

这句诗与我国古代物流的发展有关。

唐朝有驿有传，驿是日行六驿，一百八十里左右，传是日行四驿，一百二十里左右。最快的是赦书，因为牵涉人命，日行十驿。岑参在《初过陇山途中，呈宇文判官》中说：“一驿过一驿，驿骑如星流。平明发咸阳，暮及陇山头。”

从诗中可以推断出，运送鲥鱼采用的是“内河运输”的方式，即通过内陆水域和水道，使用中小型船舶运送至港口。鲥鱼产地临近贸易港口，采用水路运输方便快捷，但是运输途中货物受损的风险较大，速度慢，中间过程烦琐，灵活性欠佳，受自然条件限制较大。

到达港口后，当时采用的是人力和马力相结合的方式，相当于现在的“公路运输”。同样地，公路运输虽然有灵活性强，受地形气候限制小的优势，但是也有载运量小，能耗、成本较高，安全性较差的劣势，并且只适合短距离、小批量的运输。正是因为水路和公路运输的方式存在着速度慢、受损率大的缺点，而古代的科学技术发展又不能弥补这些问题，只能将每一环节的人力发挥到最优，才会有古代运送贡品耗费人力巨大的情况。而在运输速度大大提高的今天，我们完全可以采用航空运输来高效、安全地达到目的。

从物流成本来考虑，因为速度受到限制，所以“中途换人”所造成的人力耗费巨大。先不谈古代封建制度下官僚主义的压迫，为了更早地送达，每个环节都要求时间耗费最小，货物接洽时也有事先准备好的、专门的途径，因此最后才能达到“六月鲥鱼带雪寒”的效果。这对我们现代物流的发展也有一定的启示。例如，如果库存管理恰当，就可以减少货物周转时进入库存所损失的成本，可以保证货物一直在流通，减少一切不必要的时间、物力消耗。

从流通加工方面考虑，盛夏酷暑，古代人是怎样将新鲜食品进行长途运输的呢？诗中说：“六月鲥鱼带雪寒，三千里路到长安。”可以得知，鲥鱼三千里路到长安后尚能“带雪寒”，因为用的是“冰船”。这句诗中的鲥鱼运输对应的是现代食品的流通加工。就像澳大利亚大龙虾的运送一样，生鲜食品的运输存在着很大的发展空间。肉、鲜鱼在流通中保鲜一般采用的也是低温冻结的方式。

在运输和装卸过程中，如何包装可以既节约成本，又减少商品的破损变形、腐朽霉变等是一个有待完善的问题。

夜静水寒鱼不食，满船空载月明归。

会计 131　王祺

出处

［唐］南宗禅师德诚的《船子和尚偈》：千尺丝纶直下垂，一波才动万波随。夜静水寒鱼不食，满船空载月明归。

解释

夜色静水幽寒，到了这个时候，哪里还有吞食之鱼？满船只能空载明月的光芒而归了。

物流释义

现代物流管理是将产品的运输、包装、装卸搬运、仓储、配送、流通加工、信息处理等活动进行有机衔接，以更低的成本和更高的效率最大化地满足消费者的需求，为消费者提供综合性产品或服务。本诗句中所说的“满船”，可以看出物流运输工具是船，采用的是水路运输；且“空载”二字，显然船返航时的装载量为零，即发生了空载。该诗句主要涉及物流管理中运输空载的问题。

运输是物流管理中最重要的活动之一，运输成本的节约对物流总成本的节约具有举足轻重的作用。国家统计局数据显示，2012 年我国社会物流总费用 9.4 万亿元，其中运输费用 4.9 万亿元，占社会物流总费用的比重为 52.5%，由此造成巨大的物流费用损耗。尤其是我国物流中公路运输空载造成的损失巨大。目前我国物流管理水平整体不高，如公路运输方式的综合协调、控制和调度能力大大滞后于交通设施的发展速度，且公路运输业务中有 44% 处于空驶状态，从而造成每年高达 100 亿元人民币以上的无效消耗。

运输空载是物流不合理的常见现象，会增加运输成本，降低运输效率。空载行驶，是一种十分严重的不合理运输形式。在实际运输商品中，因未采用社会化运输资源、未制订合理货源计划等形成的空驶，是不合理运输的表现。实际中也存在必不可少的空车运输的情况，从管理上不能将其看成不合理运输。一般随着运输工具装载量的增加，每单位商品的运输成本会下降，因为管理成本、运营成本、装卸搬运等固定成本可以得到分摊。因此，在物流管理中企业可以通过健全物流信息系统，使信息能够广泛快速地流通；加强各区域、各行业企业间的合作和交流；加强市场管理，促进良性竞争等方法来解决空载浪费问题，实现规模经济，追求运输的合理化，降低单位运输成本。

还似旧时游上苑，车如流水马如龙。

会计 101　曹媛媛

出处

［南唐］李煜的《忆江南·多少恨》：多少恨，昨夜梦魂中。还似旧时游上苑，车如流水马如龙。花月正春风。

解释

上苑还是像我以前在那儿游玩时的样子，车子接连不断像流水一样驰过，马匹络绎不绝像一条龙一样走动。

物流释义

在古代，商业活动以水运和马车为主要的运输方式。

商代的甲骨文中出现“舟”字，诗经《国风·河广》篇云：“谁谓河广，一苇杭之。”这些都说明西周时期已出现了水上运输。在我国经典著作《说文解字》《吕氏春秋》《荀子》《左传》等书中均提及了夏朝时期任“车正”一职的奚仲造车事件。三国时期的诸葛亮在“木牛流马”的基础上也创造出了经济实用的，无论在山地、平原、宽路还是小道都可使用的独轮车。这些运输工具的发明都为小范围内的商品流通提供了条件。

随着时间的推移，农业持续稳定发展，朝廷对商业的限制也逐渐放宽，古代商业活动尤其是长途贩运逐渐由以质轻价贵、便于转运、盈利大的奢侈品为主向粮食、茶叶、瓷器等生活必需品成为商品交易的大宗转变。在商品经济不断发展至呈现繁荣景象的过程中，运河的开凿、丝绸之路的开辟以及更为先进的车船等运输工具的发明为商品的运输提供了有力保证。上述诗句中，南唐后主李煜记忆中的车如流水、马如游龙，一片繁华热闹的景象也展现出了马车的出现对商业活动持续发展的促进作用。

在古代，车马除了有运输商品的作用，还肩负着在驿站之间传递官府文书和军事情报，从事、组织运输国家的军需、贡赋和赏赐之物的重大责任。

与古代运输方式相比，现代物流中的运输方式更为多样化，为企业提供了更多选择的空间。在现代物流中，商品运输方式的选择不再局限于马车和船只，而是发展成为：适应性强、周转快、机动灵活的公路运输，运量大、速度快、运费较低、连续性好的铁路运输，成本低、投资少、运量能力大的水路运输，速度快、效率高的航空运输以及运量大、损耗小、安全、连续性强、管理方便的管道运输等多种运输方式并存的局面。与此同时，在企业的商业实践中还出现了几种运输方式有机结合形成了效率高的“物流输送系统”多式联运，以及集装箱运输和托盘运输等多种方式。企业可根据自身产品的特点、运输距离的长短、运输速度的要求、运输成本的控制等因素来选择适合自己的运输方式。

交语速装束，络绎如浮云。

农学142　刘倩男

出处

［汉］佚名《孔雀东南飞》：良吉三十日，今已二十七，卿可去成婚。交语速装束，络绎如浮云。青雀白鹄舫，四角龙子幡。婀娜随风转。金车玉作轮。踯躅青骢马，流苏金镂鞍。赍钱三百万，皆用青丝穿。杂彩三百匹，交广市鲑珍。从人四五百，郁郁登郡门。

解释

成婚的吉日就定在三十日，而今天已是二十七日，你可立即去办理迎娶成婚的事。双方相互传语催促筹办婚礼，来往的人连续不断就像天上的浮云一般。迎亲的船只上画着青雀和白鹄，船的四角还挂着绣着龙的旗子。旗子随风轻轻地飘动，婀娜多姿，金黄色的车上镶嵌着玉饰的车轮。（府君的儿子）驾上那毛色青白相杂的马缓步前进，马鞍两旁结着金线织成的缨子。送了聘金300万，全部用青丝串联起。各种颜色的绸缎300匹，还派人到交州和广州买来了山珍海味来作为聘礼。

物流释义

刘兰芝被焦仲卿的母亲休回家后，被母兄逼迫嫁给府君之子。府君之子骑着青骢马，带着很多珍贵的聘礼来迎娶兰芝。

首先，由“良吉三十日，今已二十七，卿可去成婚。”这一句中，我们可以看出这里存在一个“交货提前期”，三十日府君之子需要把聘礼和他自己运到兰芝家去娶她。货物可以早到，但是不能误了吉时。

“交语速装束，络绎如浮云。”这一句体现了物流中的“信息交流”。人们来来往往，奔走相告，有人在筹办正事，有人来送礼物。这种信息交流的方式是落后的，而且口耳相传很容易让信息失真，他们可以把要准备的聘礼和装饰等物件列一个清单，装在正式的信封里，并粘好信封口。派遣指定的办事小厮做信使，在供应商与买家之间送信。其他一些听闻府君之子娶妻来送新婚礼品的人，应该是和府君家里有某种利益联系，送礼来维持稳定的、长期的、友好的合作关系，也有可能在某些方面达成了战略联盟。

从“青雀白鹄舫，四角龙子幡。婀娜随风转，金车玉作轮。”这一句，我们可以看出运输工具是船只和车，而且都装饰得很漂亮，体现出了聘礼的价值：连送这些聘礼的船都这么金光灿灿贵气逼人，那这些聘礼一定是无价之宝了。此处，一定程度上体现出商品包装的意义。适当合理的包装不仅具有保护产品的作用，也具有增值的作用。更重要的是，它可以激起消费者的购买欲望。

“踯躅青骢马，流苏金镂鞍。”由这一句可以看出，府君之子应该是骑着马去迎亲的，他身份高贵，肯定不能是他自己一个人去，他一定要带很多随从去。如果人和船、车一起到达兰芝家，这三种交通工具的速度就要一样。“踯躅”二字表现出马走得很慢，这明显说明是为了等船和车一起到。如果车想要快些走，多让几匹马拉着就好了。所以他们是在等船，船走得慢。由此可以推知水运比陆运慢多了。其中货物的搬卸也耗费了不少时间。二十七出发，三十到达。可能大部分的时间都花费在了装聘礼上。

“赍钱三百万，皆用青丝穿。”我们可以把这句话看作是流通加工中的一部分。它是在铸成钱币之后为了运输便利才进行的加工。不用普通丝线却用“青丝”来穿，体现出了流通加工的增值性。

“杂彩三百匹，交广市鲑珍。”各色布料的搭配体现了包装的艺术。仲卿为庐江郡府吏，兰芝和府君应该都在庐江郡附近，不会太远。庐江郡所在大概是今天的安徽地区。而“交广”为如今广东、广西的大部分地区。

从广东、广西买来的山珍海味被运到了安徽境内，距离这样长，估计在古代要运上好几天。而考虑到商品的特殊性，最合适的运输方式是水运。可以拿一个大网，把鱼都装进去，然后把网挂在船的后面，这样鱼就会保持新鲜。所以，对于生鲜产品，保持适宜的温度与储存条件是很必要的。

尔来盗贼往往有，劫杀贾客沉其艘。

会计 141　李斌

出处

［北宋］王安石的《收盐》：州家飞符来比栉，海中收盐今复密。穷囚破屋正嗟郗，吏兵操舟去复出。海中诸岛古不毛，岛夷为生今独劳。不煎海水饿死耳，谁肯坐守无亡逃。尔来贼盗往往有，劫杀贾客沈其艘。一民之生重天下，君子忍与争秋毫。

解释

客运的道路上经常有盗贼，杀人越货并将货船弄沉。

物流释义

物流存在风险，这是运输过程中非常应该注意的问题。尤其是在运送贵重货物的时候，货运安全显得格外重要。明清之际出现了镖局这种提供护送和运输的“第三方物流”，但在唐宋时期，民间的货运缺乏安全的保障，由此产生的盗贼或者河匪愈加猖狂，严重影响了物流贸易和货物的流通。

这种情况符合物流早期的“黑大陆”理论，流通领域的模糊性极强，不仅对于成本和利润模糊，对于物流运输的安全性也存在模糊，不安全系数很高。对于企业来说进行长途物流是一场惊心动魄的冒险。

那么货运的安全应该怎么保证呢？在物流运输过程中应该注意以下几个方面：

1. 减少货运受到抢劫的机会，把物流运输专用的交通线设置为封闭的通道，可以大大减少人为或者自然因素破坏的可能性。

2. 加强货运物流过程中的安全检查和审核，可以减少意外因素突发。

3. 注意在运输过程中的安全维护，既包括运输者自带的保护人员，又包括运输路线的治安维护。

4. 相关法律要加强对破坏经济秩序和货运行为的惩罚力度，提高执法能力和效率。

对于企业而言，也应该做好货运安全方面的准备，既包括关于货运安全方面的预防，又包括货运安全方面的预算和补救措施。现代社会已经是供应链管理，供应链各单位之间相互合作，也可以分散运输的环节，减少自己在管理方面的风险和责任，降低损失。

烽火连三月，家书抵万金。

会计 152　雷一鸣

出处

［唐］杜甫的《春望》：国破山河在，城春草木深。感时花溅泪，恨别鸟惊心。烽火连三月，家书抵万金。白头搔更短，浑欲不胜簪。

解释

自安史叛乱以来，“烽火苦教乡信断”，直到如今春深三月，战火仍连续不断，家书难得，这时的一封家信真是胜过“万金”啊！

物流释义

高效和安全是物流的评价标准，在这句诗中，从一个侧面反映了在一个特殊的社会环境下，人们对物流的高效和安全的需要以及两者实现之艰难。

唐朝寄信送物的方式主要有两种，其一是通过官方的邮递系统，唐朝已经有 1639 个邮递驿站，可以说覆盖面相当广，但是这种方式主要是用来运输官方的政令和报告的。例如，白居易的《伤唐衢》：“因和三十韵，手题远缄寄。致吾陈杜间，喜爱非常意”描述了操作细节，即先“手题”，后“缄寄”，就是写好后装在纸质信封（其实是叫信袋）内，封题好就可以投出去。但是是否社会大众可以用（毕竟白居易是官员）还未可知，而且物流价格也不确定；另一种方法就是请去那里的人带过去，这样的成本难度也是不低。可以看出在唐朝，即使是和平年代，寄一封家信的成本也比较高。

而在安史之乱开始之后，可以想象当时的物流状况，各地的驿站几近崩溃，即使还能运转，也被来往的政治军事命令压得无力反抗；战争来临，人员流动很大，谁还敢说自己会去一个确定的地方，并且能帮人送信？而且想要送到的人是否还在原地？这也关系到物流的另一个重要评价标准——稳定。当社会环境有变，物流是否还能继续保持稳定？首先就是最可怕的战争来临时（当然这种概率比较低），物流企业该当如何？其次就是当自然灾害来临时，物流是否还能继续运转，再退一步讲，当出现极端天气时，如连续的大雾、暴雪等，物流能否承载足够的运流。

因此，在建设物流网络时，也要充分考虑抗压能力，如航空快递虽然速度极快，但是易受天气的影响，而火车、汽车受到的影响就较小，但汽车也不是全无风险，如曾出现的高速路上一辆装满快递的货车起火事故。所以，笔者认为，再先进的物流网络，也要多方面配置运输渠道，避免出现问题。

日月之行，若出其中。

全融 092　赵皓月

出处

［三国］曹操的《观沧海》：东临碣石，以观沧海。水何澹澹，山岛竦峙。树木丛生，百草丰茂。秋风萧瑟，洪波涌起。日月之行，若出其中。星汉灿烂，若出其里。幸甚至哉，歌以咏志。

解释

日月：太阳和月亮；若：好像。太阳和月亮的运行，都好像是从这浩瀚的海洋中发出的。

物流释义

日月可以比作我们的生活，也可引申到国民经济范畴，映日月有“万物”之意；而“其”则是指物流，即我们现在生活的方方面面及国民经济的发展，都是从物流中来的，离不开物流。生产、消费和流通共同支撑了整个社会经济活动，生产领域利用人、物、财生产出各种产品和服务，以满足整个社会的需求；消费领域是个人及社会消费产品或服务；流通领域将生产和消费联系起来，方便了我们的生活。

具体而言，物流具有以下作用：

1. 物流状况直接影响着市场商品供应状况，物流是保证商流畅通进行、实现商品价值和使用价值的基础，决定着市场发展的观念、规模和方向。

2. 物流对于国民经济至关重要，对于国家来说，物流也是需要重视和关注的，如果物流出现问题，国民经济就会随之出现问题。如果国家物流能力弱，无法有效联结生产与消费，就不能有效服务于整个经济发展，从而势必会影响国民经济的协调、稳定和可持续增长。大力发展物流业，有助于解决我国经济在战略性调整中出现的流通环节的瓶颈问题。

3. 物流直接制约着社会生产力要素流动的合理性和社会资源利用的程度和水平。

4. 物流对企业来说也是至关重要的，如何降低物流成本、提高物流服务质量，是企业必须要考虑的问题，解决好物流问题，就能获得巨大的经济效益。因此，对企业来说，物流有“第三利润源”之称。

由此看来，物流在我们的生活和我国国民经济中有着举足轻重的作用，已经渗透到经济生活的方方面面，只有拥有良好、顺畅的物流，才能有方便、快捷的生活，才能有企业和国家的可持续发展。

长河浪头连天黑，津口停舟渡不得。

经管092　杜锐

出处

［唐］李颀的《送陈章甫》：四月南风大麦黄，枣花未落桐阴长。青山朝别暮还见，嘶马出门思旧乡。陈侯立身何坦荡，虬须虎眉仍大颡。腹中贮书一万卷，不肯低头在草莽。东门酤酒饮我曹，心轻万事皆鸿毛。醉卧不知白日暮，有时空望孤云高。长河浪头连天黑，津口停舟渡不得。郑国游人未及家，洛阳行子空叹息。闻道故林相识多，罢官昨日今如何。

解释

长河风急浪高，天昏地暗一片，往来的船只已停止摆渡。

物流释义

这句诗前一句写的是天气恶劣，长河指的是大河，长河的浪铺天盖地地打过来，把天都遮黑了，后一句则描述出所有的船都停在码头不能摆渡出航的景象。津口指的是渡口，是指以船渡方式衔接河流两岸交通的地点，指有船摆渡的、过河的地方。在古代和现代作品中，均提及渡口，如唐代丘为的《泛若耶溪》：“溪中水流急，渡口水流宽。”元代贡师泰的《朱仲文编修还江西赋此》：“ 瓜州渡口山如浪，扬子桥头水似云。”清代沈复的《浮生六记 · 闺房记乐》：“是日早凉，携一仆先至胥江渡口，登舟而待。”赵树理的《实干家潘永福 · 慈航普渡》：“这五个渡口的老一代的船工，全是潘永福同志教会了的。”

现代物流中的渡口一般包括码头、引道及管理设施，是物流线路中关键的物流枢纽。渡口其实也算是物流的一个很重要的中转站，在当今社会，古代的渡口很多已发展成为重要的港口城市或者是当地的商业中心，其原因也在于交通便利，物资运输速度较快，有效保障了物资的供应，为投资商所看重，自然而然，渡口的商业发展速度就比较快了。在我国，海滨城市的发展一般要高于远离海边的城市，除了一些历史原因，也与物流的发展程度有很大的关系。

由于古代的交通不发达，遇到恶劣的天气，物资的流通就会受到限制。其实，即使是在交通发达的今天，物流也会受天气的影响，天气气候对物流的安全性、准确性等都会产生重要影响，如 1998 年长江沿岸爆发的洪涝灾害，人民的生产生活受到剧烈影响，给我国带来了巨额经济损失；2007 年的冰灾，使大量货物运输受阻，许多公司的物流业务受到严重影响；2008 年初的南方雪灾波及 20 个省（区），公路、铁路、飞机等诸多交通运输停运，一度造成交通瘫痪，严重影响了人员和物资流动，进而也引起全国物价高涨，影响经济的正常运行。又如人们平时在叫外卖时，如果天气不好的话，外卖送达时间也会延迟。中国玉米网还专门有“气象物流”这一版块。另外，有关气象灾害中应急物流的保障性服务方面的研究也有很多。

驿外断桥边，寂寞开无主。

已是黄昏独自愁，更著风和语。

金融 143　朱天顺

出处

［南宋］陆游的《卜算子·咏梅》：驿外断桥边，寂寞开无主。已是黄昏独自愁，更著风和雨。无意苦争春，一任群芳妒。零落成泥碾作尘，只有香如故。

解释

驿站外断桥旁，梅花寂寞地开放、孤孤单单，无人来欣赏。黄昏里独处已够愁苦，又遭到风吹雨打而飘落四方。

物流释义

在中国古代，物流形式大体上分为三种：驿站、民信局和镖局。在中国古代，驿站是作为传递官府文书和情报的人或来往官员途中休整的场所，是古代重要的物流中转枢纽，也是人流非常频繁的场所。驿站是古代接待传递公文的差役途中休息、换马的处所，唐代驿站的设置已经到达了辽东。为了满足国家军事所需，金效仿宋王朝在辽宁地区建有递铺。铺与铺之间的距离在 10 里左右，驿站按照朝廷规定给过往官员供应食宿和车马。元朝为了巩固政权也建立了更加完善的驿站制度。明代洪武元年，设立了递运所，专门从事货物运输，使货物运输有了专门的组织。清朝的盛京设有驿、站和铺等物流组织，驿是负责运输官府所需的各项物资，站是负责传递军事情报和重要的官府文书，铺是各地官府传递文书、信函和公文的组织。

第二种形式是民信局，这是古代民间经营的一种常见的通信组织，民信局一般均为资金比较雄厚的私人设立和管理，跨地区在各地设立分号，投递地点遍及国内主要商埠城镇，各分号分工协作，密切沟通和合作。

第三种形式是古代镖局，一般镖局负责运输的不是普通货物，而是非常贵重的物品，如价值不菲的宝物对安全性有极高的要求，所以镖局运输收费很高。一单镖涉及的人员众多，有镖局主人、总镖头、从事保镖工作的镖头和镖师，管理杂务的大掌柜，还有伙计和杂役。

随着时代的发展和人们生活水平的提高，人们对物流提出了更高的要求，我国物流发展也不断呈现出新的面貌。因此，我国应大力发展各种物流形式，从而满足人们不断增长的物质文化生活需要。

东市买骏马，西市买鞍鞯，南市买辔头，北市买长鞭。

会计 101　刘卉

出处

［南北朝］佚名《木兰辞》：唧唧复唧唧，木兰当户织。不闻机杼声，惟闻女叹息。问女何所思，问女何所忆。女亦无所思，女亦无所忆。昨夜见军帖，可汗大点兵，军书十二卷，卷卷有爷名。阿爷无大儿，木兰无长兄，愿为市鞍马，从此替爷征。东市买骏马，西市买鞍鞯，南市买辔头，北市买长鞭。旦辞爷娘去，暮宿黄河边，不闻爷娘唤女声，但闻黄河流水鸣溅溅。旦辞黄河去，暮至黑山头，不闻爷娘唤女声，但闻燕山胡骑鸣啾啾。

解释

到东、西、南、北各个市场分别买了骏马、鞍鞯、辔头、长鞭等物品，这些物件都是木兰替父从军之前要置办的行头。

物流释义

这句诗取自《木兰辞》中木兰从军的描述，木兰在从军前在各个市场购买需要的物品，但为什么她不在东、西、南、北中挑选一个市场来购买所有的物品呢？有很多种可能，也许骏马只有东市有卖、鞍鞯只有西市有卖。又或者骏马东市的最便宜，还有可能东市的骏马跑得最快，甚至仅仅因为她和东市卖骏马的老板比较熟等。总之，她为自己要买的东西找到了她认为最好、最合适的卖家。这和物流的采购环节是类似的，甚至可以说这句诗描绘的就是一个简易的采购过程。

每个企业、每个个体在采购或者购买商品时，都需要挑选合适的供应商。对于企业来说，挑选一个合适的长期合作的供应商在采购环节上会节省大量的成本，也便于与供应商达成互利共生的双赢局面。现代企业与供应商的关系也从传统的竞争关系转化为互利互助的关系，所以企业在选择供应商时应对供应商的各个方面进行全面评价，如供应商的财务状况、组织管理情况、履行合同的能力、产品质量、整体服务水平、采购成本等。企业可以通过多种方式来寻找到满意和合适的供应商，如电子采购和招标性采购等。随着互联网技术的发展，利用信息技术进行电子采购也逐步得到认可，它的优势极为显著，可以提高采购效率，缩短采购周期，节约采购成本，优化采购流程，达到了信息共享等。

木兰采购的装备就是来自整个市场的最优采购组合，同样企业也是如此，根据不同原材料选择最优的供应商，以达到采购环节的最优配置。现在采购环节也逐渐开始完善，企业或个体都能很方便地通过互联网提供的开放平台做出对比和选择，但本质上和木兰从军前在各个市场置办行头是一样的，无非就是在整个市场中找到了采购的相对完美的组合。

花开堪折直须折，莫待无花空折枝。

会计 121　陈舒静

出处

［唐］杜秋娘的《金缕衣》：劝君莫惜金缕衣，劝君惜取少年时。花开堪折直须折，莫待无花空折枝。

解释

花开宜折的时候就要抓紧去折，不要等到花谢时只折了个空枝。即当花开了能够折取的时候一定要摘掉它，不要等到没有花摘的时候面对空枝追悔莫及。

物流释义

这句诗强调了一个及时的理念，这在物流中是非常重要的，尤其体现在采购、仓储等环节。

在采购环节，采购人员应及时注意供应情况和市场需求，合理应用定量采购法和定期采购法，确保以合适的价格购买合适数量的货物来满足顾客的需要。具体来说，采购人员应有一定的市场敏感度，在预测到市场需求增大时及时补货，在“花开”时及时“采摘”，尽量不要出现紧急缺货的情况，既不利于与供应商之间的合作关系，也会降低消费者的满意度，失去一部分的市场，落得“想折花”却“无花”的境地。

在仓储环节，主要强调的是合理管理存货，如“先进先出”理念的应用，具体讨论生产日期这一点，将生产日期较早的存货先行发出，以确保仓库的存货是流动永续的，而若因为先进的存货忘记先发出，造成最后所有剩余存货都报废的情况，便是不合格的仓储管理，陷于“有花不折”“无花空折”的尴尬境地，而实际上这样的损失是不必要的。

此外，谈到及时的理念，便不能不说“Just In Time”思想，JIT采购是一种直接面向需求的采购模式，按用户需求的时间、地点、规格、质量送货，要做到这一点，直接要求便是“有花须折”，最大限度地满足用户的需求，一旦等待，这个系统便不能顺畅运行，客户不能及时生产，客户的客户便不能及时享用，负面评价反馈回来也会影响公司的服务与形象。

所以说，“有花直须折”在物流中真的非常重要，它会极大地影响自身的成本和服务，是运作过程中必须注意的方面。

悬知寒食朝陵使，驿路梨花处处开。

金融092　黄晓凯

出处

［南宋］陆游的《闻武均州报已复西京》：白发将军亦壮哉，西京昨夜捷书来。胡儿敢作千年计，天意宁知一日回。列圣仁恩深雨露，中兴赦令疾风雷。悬知寒食朝陵使，驿路梨花处处开。

解释

预料到来年寒食节，祭扫宋皇室先帝陵墓的使者，将通过梨花盛开的驿道而到达洛阳。

物流释义

物流始终伴随着人类的历史，我国是世界上最早建立组织传递信息的国家，如古代的邮驿组织。诗中提及的驿路是古代邮驿的交通设施，即官府运输物资和传递军令军情的道路，也称为驿道、驿路、官道。古代的驿道也被称为古驿道，是古代陆地交通方式的主要通道，如著名的丝绸之路、古代的湖广驿道、南阳—襄阳驿道、青蒿驿道、梅关古驿道等。驿道上每隔若干里设置一个驿站，驿站是古代供传递官府文书和军事情报的人或来往官员途中食宿、换马的场所。驿道联结处即驿站，驿驿相接，一般以京城为中心，向各方延伸，四通发达；以地方官府为枢纽，逐级向外扩展，形成纵横交错的网络。在我国古代，通过驿道和驿站形成了有机协作的邮驿组织，形成特定的网络布局，发挥着非常关键的物流功能。在宋代，邮驿组织由兵部驾部直接管理，邮驿组织的功用与效应日益为全社会所关切，分工越发细密。盂城驿是一处水马驿站，在江苏高邮古城南门外。鸡鸣山驿在河北怀来，是我国仅存的一座较完整的驿城。

在交通并不发达的古代，驿道这种快捷的通道很好地保障了重要物资运送的效率与安全，很好地保障了物流运输的顺畅和速度。这与今天我们熟知的公路和铁路有很大的相似之处，当然现代交通的这种快捷与方便也远远超过了古驿道。交通道路对于物流的重要作用不言而喻，如果没有交通道路设施的保证，物流系统将无法发挥有效的作用。

复恐匆匆说不尽，行人临发又开封。

会计 101　黄亚迪

出处

［唐］张籍的《秋思》：洛阳城里见秋风，欲作家书意万重。复恐匆匆说不尽，行人临发又开封。

解释

捎信人即将出发，我又拆开了缄上的信封，赶快再添上几句，说不尽的心事，无奈太匆匆。

物流释义

捎信人送家书（书信）运用物流的概念可以解释为，捎信人在秋天时分将张籍写的家书从洛阳送到张籍的家乡，这一传送的过程是具有物流性质的。

具体而言，“物”是指张籍所写的那封情谊深重的思念家人的书信；“流”是指物理性的运动，也就是捎信人将书信从洛阳送到张籍的家乡这个运送的过程。在这个过程中发生的物流活动有运输配送、保管和物流信息管理，捎信人将书信这个物品保管着并运往了目的地，物流信息是信来自身在洛阳的张籍。

物流的主体有：张籍、捎信人和张籍家人，运送的物品是家书。供应链是从张籍开始，将家书交给捎信人运送，送至张籍的家人处。这里没有提及资金流，但我们可以认为张籍将运送费给了捎信人来完成这项运输，在缺乏信息采集的唐朝，运送的成本也较简单，应该不存在备选的节约成本的运送方案。

对于捎信人来说，物品的仓储管理等都不存在问题，书信简易且非常轻，随身携带即可。而运输在唐代是一个比较重要的环节，基于过去旅途的信息，笔者猜测应该包括捎信人乘坐马车、乘船和步行。正是由于古代运输的不便利性，张籍回家应该很困难，所以才有对家人无尽的思念，以至于捎信是一件非常重要的事情，物流在这首思乡诗里就显得尤为重要。

明朝驿使发，一夜絮征袍。
素手抽针冷，那堪把剪刀。裁缝寄远道，几日到临洮?

金融 103　李蔚

出处

［唐］李白的《子夜吴歌·冬歌》：明朝驿使发，一夜絮征袍。素手抽针冷，那堪把剪刀。裁缝寄远道，几日到临洮?

解释

这首诗描述了一位丈夫即将出征的妻子的心绪。妻子彻夜未眠，为在远方当兵的丈夫赶制棉衣，因为明天驿使就要出发了，时间紧急，一定要在天亮前完成棉衣的制作。她手持着剪刀、缝衣针在寒冷的空气里裁裁缝缝，做出的“征袍’要寄到远方的临洮，不知这件棉衣要过多少天才能送达丈夫的征战之地临洮。

物流释义

在本诗中，妻子为丈夫寄送棉衣要先送到驿使处才能寄出，也就是通过古代的驿站系统进行物流运送。

驿站是我国古代物流运输中的重要部分。据资料显示，驿站有着3000～4000年的历史。它起初是政府为传递公文和军情所设置的通信机构，而后其功能又随朝代的更迭而拓展。驿站最初的功能，即在原始通信手段的条件下，负责进行政治、经济、文化、军事等方面的信息、指令的运送与传输，可以说是古代物流体系中物流信息的重要环节。驿站系统有着明确、清晰的组织结构，运输信息系统的覆盖广度也可以与现代物流体系相媲美。最初传送信件的驿站系统与当今的邮政系统有着很多相似之处。经过功能拓展后，不同层面上的各个驿站也包含了物流中心、配送中心等功能。作为物流中心，驿站有运送、装卸搬运、物流信息处理的功能。由于隶属于政府，有的驿站甚至还具有原始的物流教育与培训的功能。

另外，由于古代只有陆路和水路的运输，古代的驿站系统大多最初仅人力运输，后用马匹和人力结合，最后以人力、马匹、水运多种方式进行。后期的驿站系统包括了水驿和马驿等形式，从运输方式上来看，水马驿的结合已经有了近似于现代多式联运的模式。

我们从诗句中可以看到，只要错过了驿使所规定的时间，民众就不能再进行寄送。这是古代驿站体系物流形式的一个弊端：不能做到配送系统原则中便利性的要求，即不能按照民众的要求进行紧急送货。这一方面是由于古代运输和运力条件的限制，另一方面是由于驿站体系隶属于政府，所以不会过多地考虑民众的需求。同时，驿站体系隶属于政府也决定了其对民众的服务态度并不友好。

最后，诗句中提到了妻子不知驿使何时才能将棉衣送到，说明古代的驿站物流系统不能够保证配送系统原则中的时效性。这在很大程度上是受古代运输技术条件所限。相比之下，现今的物流系统有着先进快速的运输手段，能够保证时效性。

此外，从诗句中还可以看出，要对远方的军队进行物流运输，还要靠驿站发挥作用。由此可知，古代驿站系统是古代军事物流体系中的主要支撑。

云帆转辽海，粳稻来东吴。

国经101　李晗筝

出处

［唐］杜甫的《后出塞五首·其四》：献凯日继踵，两蕃静无虞。渔阳豪侠地，击鼓吹笙竽。云帆转辽海，粳稻来东吴。越罗与楚练，照耀舆台躯。主将位益崇，气骄凌上都。边人不敢议，议者死路衢。

解释

运船从辽海来，粮食便来到了东吴之地。

物流释义

中国古代物流载体首推漕运。漕运利用水路将中国古代封建统治者征收田赋的部分粮食调运至京师或其他指定地点。

漕运起源很早，秦始皇北征匈奴，曾自山东沿海一带运军粮抵于北河（今内蒙古乌加河一带）。汉朝的都城长安（现在陕西西安）每年将从黄河流域所征的田赋运往关中，引起后世对水运的重视，疏通南水北调所需网络，建立水运仓储系统。其中，最著名的是隋炀帝调动大量人力开凿通济渠，连接海、淮、长江，形成南北之间的水路运输，为后世修建大运河奠定了基础。

漕运是中国封建社会权力集中的重要工具，具有重要的经济意义。漕运带动了运河运输业的发展。中国古代形成了世界同时期历史上少有的内河水运网络。它与全国广大地区联系密切，促进了社会和经济交流。漕运随秦朝中央集权统治的出现而兴起。当时，秦王朝不仅可以利用京畿地区的财赋，还能通过漕运调集京畿以外甚至千里之遥的物资。唐代南方经济崛起后，漕运又沿着南北运河深入江南各地。中唐以后，随着北方藩镇割据、私税盛行，漕运的重心集中到了江淮地区。也正是从中唐开始，由于北方经济发展缓慢，南方成为主要的纳漕区域。

水运运量大、运价低，漕运无疑具有运输形式上的优势。统治者无休止地发展、利用漕运，终使漕运的优势被高成本的巨大消耗所湮没，从而进一步加重了社会经济的负担。历代王朝都耗费巨大的国力兴修运河、制造船舶以发展漕运。开挖及维修漫长的运河，耗费极大。浩大持久的运河工程，对社会经济造成了一定的破坏。唐宋时，投入了无穷的人力和财力修治运河。历史上从事漕运的专用船只数量都很大，而建造和维修这些漕船，同样是古代社会的一项沉重负担。为了建造并及时更换这些漕船，历代封建政府动用了大量的人力、物力，常年修造漕船。

历代漕运为供应京师和军民用粮以及商品流通做出了巨大贡献，促进了国家统一与经济发展；但由于运费代价高、漕运徭役等问题，又使其成为人民沉重的负担。

惊见羽书传昨夜。

国经 101　王思雪

出处

［清］陆嵩的《金陵》：崔巍稚堞尚前朝，形胜东南第一标。惊见羽书传昨夜，忽闻和议出崇朝。秦淮花柳添憔悴，玄武旌旗空寂寥。往事何人更愤切，不堪呜咽独江潮。

解释

头一天晚上传来敌人进犯的军事情报。

物流释义

诗句中的“羽书”为紧急的军情文书，即“羽檄”，也就是我们熟知的“鸡毛信”。在汉朝，普通的信上插鸡毛，表示情况紧急，需要迅速传递。羽书起源于汉代，当时就有了我们现在所说的“加急快件”。

通常认为，古代道路开发得不是很便利，最典型的就是李白所作的《行路难》，他说从京城回趟家，行路难，难于上青天。当然，这也和四川的地理形势有关。总体来说，古代的交通确实是不发达。

如果是平常的家信，传送得慢一点也就罢了，但若是军情，不管是敌方的动态还是战事的情况，都需要刻不容缓地传送至京城，由皇上和众大臣商讨。这个时候，羽书的意义就显得尤为重要了。

与现代的运输方式相比，传送一般信件可以采用性价比最高的方式。比较短途的，也就是 500 千米以内的，可以使用公路运输；长途的，也就是 500 千米开外的，可以使用铁路运输；要跨洋而行的，就选择水路运输。而羽书呢，则相当于不管路途远近都使用空运来运输，虽然成本很高，但是速度能保障。

再者，以运输公司来比较，古代传送的一般信件所使用的运输公司就像是现在的中国邮政，运费便宜，但是不知道何时才能送到，而且极有可能信件到中途就丢失了。稍微富裕的人家的信件，可以是通过 EMS 或者申通、圆通、中通这种快递来传送，这样会稍微快一些，而且信件的安全性也更有保障一些。达官贵人的信件也许会通过顺丰来传递，运费虽然高一些，但这在官宦人家算不得什么，他们反而更看重快递公司的服务和质量，就这两点而言，顺丰做得是比较好的。至于羽书，大概就相当于联邦快递了，它的价格是普通百姓不可仰及的，速度也不是中国邮政所能企及的。联邦快递的运速快，安全性高，服务好，只是运费很高。但是鉴于羽书都是十万火急的信件，运费什么的便都不是重点了。

飞车跨山鹘横海，风枝露叶如新采。

国经 101　周荃

出处

［宋］苏轼的《荔枝叹》：十里一置飞尘灰，五里一堠兵火催。颠坑仆谷相枕藉，知是荔枝龙眼来。飞车跨山鹘横海，风枝露叶如新采。

解释

飞车跨过高山，鹘鸟飞越海洋，（到长安时）青枝绿叶如刚刚采下。

物流释义

白居易在《荔枝图序》中讲“若离本枝，一日而色变，二日而香变，三日而味变，四日五日色香味尽去矣”。因而，要保证其新鲜，运送过程中的要求是十分高的；又因荔枝是献给贵妃和皇上的，其质量也应该是高标准。

首先，供应商的评估与选择。荔枝盛产于中国南方，味美多汁，从当时来看是无法在中原或者西北种植的，因而想吃荔枝只能从南方运送过来。各户种荔枝的人家将样品呈递给专人品尝，由专员选出上好质量及味道的一家作为当年的供应户，将其家种植的荔枝供于皇上与贵妃。

其次，储存。荔枝易变味，古时的冷藏冷冻保鲜技术没有如今这么发达，况且经过冷藏冷冻的荔枝口感上与新鲜的荔枝有很大差别，恐怕难博妃子一笑。故不能够选择在途中储存多日再呈给圣上，当然也不可能是到广东后直接调取库存作为供品。

最后，也是当时最难克服的部分 ，就是运送问题。由于荔枝保鲜时间非常短，要保证新鲜实在是一大难题。根据笔者查到的资料，当时采用的是将连枝的果实，甚至是直接将结果的果树拔起，但当时的果实还需要放置一段时间才能完全成熟，通过水运运送到秦岭一带，再通过快马接力将新鲜成熟的荔枝运送到宫内，即采用联运方式及延迟战略，完成了这一个历史上颇有争议的“物流”过程。

由此可见，联运（此例算是鱼背运输的雏形）是结合两种或多种运输方式的优势，使其速度、风险都优于单一的运输方式。在整个过程中，以缩短运输时间、保证运输质量为目标，相互融合衔接，提高效率，达到物流合理化。至于延迟战略，笔者认为是这个典故中最聪明的一点。运送的目标是产品在恰当的时间以最快的速度送达。将还未达到宫廷要求的荔枝连根拔起，通过水路运送到秦岭，不仅保证了环境的湿冷，同时给了荔枝一定的成熟时间，等到达了必须陆运的地点，再飞速送往宫廷，此时的荔枝正好成熟，也很新鲜。这样的做法不仅避免了成熟荔枝在运送过程中的质量损失，还提高了运输的效率，使物流供应链运作流畅。

东望山阴何处是？往来一万三千里。写得家书空满纸。流清泪，书回已是明年事。

金融 103　颜琦

出处

［南宋］陆游的《渔家傲·寄仲高》：东望山阴何处是？往来一万三千里。写得家书空满纸。流清泪，书回已是明年事。寄语红桥桥下水，扁舟何日寻兄弟？行遍天涯真老矣。愁无寐，鬓丝几缕茶烟里。

解释

向东望去，山阴（作者的故乡）在哪里啊？从这里到山阴的距离一来一往要一万三千里地，虽然已经写好了满满的家书，但是在我看来就是空的一样，我流着眼泪，因为回信要等到明年。

物流释义

这句诗体现了将家书从寄信人手中传递到收信人手中的过程。物流的一项基本职能就是配送，强调及时性和服务性。中国古代交通运输十分不便利，也因此导致家书的传递过程非常漫长。在古代，家书传送的主要方式是通过熟人代送的。然而这种方式在我们现在的社会是基本不会被采用的。首先，这种方式的时间并不能确定，更无法保证能够在多长的时间内送达；其次，这种方式并不十分可靠，在途中会有各种各样的原因导致家信的丢失与损坏。古代还有一种送信的方式，就是通过驿站里的驿马，这种方式虽然比通过熟人带信快捷了许多，但通常是用来传递军事信息，百姓是不会选择这种方式的。由此可以体会到陆游的心情，寄希望于家书来排解自己的思乡之情，却苦恼于家书在路上需要太久的时间，所以一时间也无法通过家书来缓解自己的思乡之情。在我们现在所处的社会，是不会出现陆游所苦恼的事情的。书信的传递与运输非常便利快捷，有很多种方式供我们选择，如邮局、快递公司等，通过这些方式，即便是要寄信到国外，都可以在很短的时间内将信件送到指定的地方。

笔者认为有两大因素对信件传递的巨大进步起到了积极作用。一个是交通运输方式的快速发展，另一个是运输组织形式与管理的变革。首先，就交通运输方式而言，现代化交通运输的发展是快速传递信件的前提。之前提过，古代的运输方式非常匮乏，相对快捷的方式也只是依靠马，但是马也会有疲惫的时候，它们不能时刻都处在奔驰的状态，即便它们能够马不停蹄，日夜兼程，也比不上现在汽车、火车、飞机的速度。有了这些现代的交通工具，就有了运输家书等信件的载体，这样，信件就能够以最快的速度到达目的地。其次，现代化的运输管理方式是保证。如果只有快速的运输方式，而没有一个完整的管理流程，信件也不会如期到达目的地。因为在信件的传递过程中除了需要快捷的运输方式，还需要完善的收发、管理、配送的过程。这就像一条完整的链条，不能缺少任何一个环节。邮局与快递公司正是起到了这样的作用。它们为需要寄信件的人们提供了一个平台，让他们知道该如何寄出信件。在收到需要邮寄的信件之后，邮局或快递公司需要对这些信件进行分类、整理，为它们找到合适的运输工具，等到它们到达目的地后，还需要那边的邮政与快递人员将这些信件送到收信人手中。这个流程简单但不可或缺。由此可见，现代社会中，快递公司、邮政系统这些承担着货物流通与运输的媒介为现代社会物流业快速发展贡献了重要的力量。

夜来城外一尺雪，晓驾炭车辗冰辙。

金融103　贺凯琴

出处

［唐］白居易的《卖炭翁》：卖炭翁，伐薪烧炭南山中。满面尘灰烟火色，两鬓苍苍十指黑。卖炭得钱何所营？身上衣裳口中食。可怜身上衣正单，心忧炭贱愿天寒。夜来城外一尺雪，晓驾炭车辗冰辙。牛困人饥日已高，市南门外泥中歇。翩翩两骑来是谁？黄衣使者白衫儿。手把文书口称敕，回车叱牛牵向北。一车炭，千余斤，宫使驱将惜不得。半匹红纱一丈绫，系向牛头充炭直。

解释

夜里城外降落了一尺厚的大雪，天亮了，路面上都是炭车碾压过的车轮印。

物流释义

从物流的角度看，这句诗反映了自然环境、气候的变化给运输带来的不便。在古代，交通运输并不发达，物资的运送主要以畜力、人力为主，有时对于大型或数量较多的物资采用水运，较易受天气影响。诗中卖炭老翁所使用的运输方式是人力推车，受自然环境影响很大，给他的运输带来了很大不便。在物流过程中，天气变化和自然灾害是物流企业或物流部门所要考虑的重要方面。有些物品如蔬菜、水果等在极端的温度下产品的品质就会受到不利的影响；而鱼类、肉类等产品则无法在较高温度下保持很长时间，不进行妥善处理的话，会使物资受到破坏，价值流失，给客户的生产和生活带来不便，引起客户的不满，降低企业的信誉，所以在运输过程中要将天气因素考虑在内。不同的运输方式受自然及天气影响的程度不同。当出现低温、积雪、积冰以及能见度低等情况时，往往不利于运输。雷雨天气也会对航空运输造成不利影响，使航班晚点甚至取消，还会使道路交通堵塞，影响公路运输。这时，装载工具的升级和应急物流的建设就显得尤为必要。如在运输大量农产品时，恰逢极端天气，不利于物资存储，在考虑企业成本的承受能力基础上，采用低温、干燥的箱子装运货物，以保持农产品的品质，现代冷链物流技术在硬件设备完善的基础上，得以发挥集约、辐射能力，使农产品的保鲜储运能力增强，降低天气的影响。此外，在应对一些可预测的恶劣天气时，库存管理人员可依据情况适当增加库存以应对可能的不利情况，减弱灾害天气对运输的影响，从而将灾害天气给本企业或部门带来的损失减小至最低。

窗含西岭千秋雪，门泊东吴万里船。

会计 131　叶碧蓉

出处

［唐］杜甫的《绝句》：两个黄鹂鸣翠柳，一行白鹭上青天。窗含西岭千秋雪，门泊东吴万里船。

解释

我坐在窗前，可以望见西岭上堆积着终年不化的积雪，门前停泊着自万里外的东吴远行而来的船只。

物流释义

诗句后半部分中，“万里”一词暗示着目的地到达的难度，这些船只，沿岷江、穿三峡、直达长江是极其不平常的，当时的人们通过船只将物资进行远距离转移，这是物流活动的基本内容，可见唐朝时物流已初露端倪。

运输的价值在于将物品实现空间、时间的转移，使其价值得到最大的发挥。商人便是通过船只来运输相应的货物，通过空间的转移，使商品增值，从而赚取差价。

运输的基本原理是规模经济和距离经济两点，随着运输规模的扩大，每单位重量的运输成本逐渐降低，当时的商人利用了这一特点运输能力必定大于当时的马车运输，将船上所能利用的空间发挥到最大，每单位货物的运输成本将大大降低；距离经济的特点是每单位距离的运输成本随运输距离的增加而降低。诗中的“万里”说明了货物运输距离的遥远。

在运输方式的选择上，古代商人也是较为明智的。当时的运输无非两种，一是马车（陆路）运输，二是船舶（水路）运输。综合考虑运输成本、运输时间等因素，作为当时的商人，选择船舶运输显然是最明智的。

羌笛何须怨杨柳，春风不度玉门关。

会计 112　李笑雨

出处

［唐］王之涣的《凉州词二首》：黄河远上白云间，一片孤城万仞山。羌笛何须怨杨柳，春风不度玉门关。

解释

折柳赠别之风在唐代极为流行。为何还要用羌笛吹奏哀怨的《折杨柳》呢？春风从不吹过玉门关。

物流释义

这句古诗本是诗人对戍边士卒离愁别恨的劝解，描绘了边塞凉州雄伟壮阔又荒凉寂寞的景象，诗人用连春风都吹不过玉门关，所以长不出杨柳的夸张手法说明边塞地理位置偏僻，所以无须怨恨。但从现在物流的角度来看，可以用另外一种视角去解读它。众所周知，我国以香港、广州、深圳组成的珠三角、长三角以及以京津为中心的环渤海等平原地区为经济重心。这些地区地势平坦、交通发达，非常有利于运输。与之相对比的是经济相对较落后的贵州、四川、西藏等地势较为复杂的地区，就像诗中所说的玉门关一样，这些地区山比较多，穿山隧道等大大增加了修路成本，增加了公路和铁路运输的困难，限制了公路运输的灵活性和铁路运输的运力，无法实现规模经济，而且这些地区深处内陆，水路更不现实。另外对于空运来说，更适合附加值较高且对速度要求很高的货物，要不然成本将不能覆盖收益，所以也无法大批量地运用航空运输。运输作为社会物质生产的必要条件，被这些不利条件限制了发展，故拖慢了经济的发展。因此就像玉门关因为春风吹不到而长不出柳枝，这些地区则因为运输业的桎梏发展不是很快，这是由一些客观因素造成的，但不能因此被牵绊住了脚步，而是可以通过人为改造，或者在其他方面多发挥自己的优势，继而得到进一步发展。

西母酒将阑，东王饭已干。
君王若燕去，谁为曳车辕?

金融122　任凌秀

出处

［唐］李贺的《马诗·其七》：西母酒将阑，东王饭已干。君王若燕去，谁为拽车辕。

解释

酒阑饭干之后，君王燕去，马曳车辕。

物流释义

君王的马都不是一般的马，是可以驰骋沙场的汗血宝马，但是随着君王的故去，千里马的作用得不到重视，最后只能沦为普通的拖拉货车的马，成为一个普普通通的运输工具。在古代，运输工具比较匮乏，只有马车、牛车、船等载体。而在这之中最快的要数马车了。将千里马应用于物流运输，既可以看作大材小用，也可以看作专才专用。千里马的耐力强、速度快，特别适合一些要求快速到达又长距离的快件，是运输系统中极为重要的工具之一。

运输在物流系统中发挥了重要作用，物流企业应熟知不同运输方式的不同营运特性，根据所需运输服务的要求，做出最优选择，达到低成本、高效率的结果。在选择运输方式时，第一个因素是价格，既包括在途运费还包括所有额外的附加费和运输端点费用，古代在选择运输时也是如此，既要考虑马的品种运力，还要考虑与马车相关的附加费用，如马的饲料、安顿等。第二个因素是运输时间，一些货物由于具有适用期的特点，需要在一定的时间内送达，正如诗句“一骑红尘妃子笑，无人知是荔枝来”，为了保持荔枝的新鲜美味，要快马加鞭地将荔枝送达；也有货物因时间价值的适用期有限而造成的损失，如战时的信件、密函、将军令等，战争时刻是分秒必争，一旦错失良机便会一败涂地。第三个因素是运输安全性问题，物品的完整需要包装的保护、搬运的小心轻放等条件，其中的成本需要消费者来承担，属于运输成本的一部分。

其实，运输方式的选择有很多，在古代就出现了多种运输方式相结合来实现物流合理化。如马车运输和水上运输的组合适合在水路便利的地带运送大批量货物，而将马车运输和牛车运输或骆驼运输组合，则适用于内陆地带或长距离运输。在科技发达的现代，铁路、水路、公路、航空和管道五种运输方式更是可以进行多种组合，形成整个物流系统，有利于优化匹配运输方式，使物流运输合理化，提高运输管理工作，保障物流服务的质量。

骏马能历险，力田不如牛。坚车能载重，渡河不如舟。

金融122　王爱滨

出处

［清］顾嗣协的《杂兴》：骏马能历险，力田不如牛。坚车能载重，渡河不如舟。舍长以就短，智者难为谋。生材贵适用，慎勿多苛求。

解释

好的马能够经历险路，但是在耕地的时候却比不上牛。坚固的车能够装很重的东西，但是在渡河时却比不上船。

物流释义

这两句诗原意是形容在用人时要看到他的长处，不要过多苛求，要让适合的人去适合的岗位。而诗句字面上的意思却符合我们物流中的原则。在运输管理中，有公路、铁路、水路、航空等多种运输方式，这些运输方式各有优点和缺点。例如，航空运输的特点是速度快、成本高，适合运输一些易腐烂变质且价值较高的货物，如荷兰的鲜花；但如果要远距离运输钢材，则成本较低的铁路或水路更为合适。因此在选择运输方式时，要综合考虑各种方式的优缺点，结合货物的特征，选择最合适的运输方式。把这句诗的含义再延伸一些，可以理解为要结合自身情况选择最合适的策略，不能单单追求一方面。例如，在库存管理中，既不是库存越多越好，也不是越少越好，库存多在采购时能够获得价格折扣，运输成本也更低，还能避免紧急情况带来的停产风险，而库存少则能够降低仓储成本，减少资金的占用。而企业要结合自己的产品制订合理的库存计划，如选择定量订货法或定期订货法。总之，在物流管理中，每个企业都要根据规模大小、产品特征等来制定最适合自己的管理方法。

廿里长街八码头，陆多车轿水多舟。

金融122　任军燕

出处

［清］叶调元的《汉口竹枝词》：廿里长街八码头，陆多车轿水多舟。若非江汉能容秽，渣滓倾来可断流。

解释

诗句描述了当时汉口地区的繁华景象：二十里的长堤街出去，江边有大码头八个。外出交通，陆地上靠马车和轿子，过江靠众多的船只。

物流释义

诗中所写的汉口位于长江中游北岸，江汉平原东部，东带长江，南襟汉水，素有“九省通衢”之谓，正因如此，明中叶以后迅速发展为长江沿线城镇商品贩运的中心，以至于“五文便许大江过，两个青钱即渡河。去桨来帆纷似蚁，此间第一渡船多”。其在当时物流业的重要地位可见一斑。

同时，“陆多车轿水多舟”一句利用汉口一带的地理优势发展水运，也可以看出物流与供应链管理中的目标：降低成本，提高服务。这就要求进行运输管理。物流企业针对不同的货物选择合适的运输方式，在保证货物送达的及时性和安全性的同时，还可以保证货物运输的经济性和便利性。运输是物流中最基本也是最主要的活动，通过选择合理的运输方式，如诗句中所述的“陆多车轿水多舟”，可以减少货物的在途时间、保证货物运输过程中的质量、降低企业的经营成本，可以使产品及时供应市场，从而在一定程度上为客户带来较大的经济利益。此外，运输还可以产生“空间效用”并且使资源得到有效利用，成为“第三利润源”。

两岸猿声啼不住，轻舟已过万重山。

经管 101　张哲晰

出处

［唐］李白的《早发白帝城》：朝辞白帝彩云间，千里江陵一日还。两岸猿声啼不住，轻舟已过万重山。

解释

两岸猿声，还在耳边不停地啼叫；不知不觉，轻舟已穿过万重青山。

物流释义

“两岸猿声啼不住，轻舟已过万重山”，速度是生存的基础。运输作为物流的核心业务之一，是物流系统的重要功能。何种运输手段的选择对于提高物流效率具有十分重要的意义，在决定运输手段的同时，需要权衡运输系统要求的运输服务和运输成本，只有在最低的成本下实现最好的服务，才能实现企业的最大价值！加快速度，提高客户的满意度，没有最快，只有更快！

“工欲善其事，必先利其器”，我国近年来物流基础设施建设成果显著、物流装备技术水平不断提高。无论是公路运输、铁路运输、水路运输、航空运输，还是管道运输等建设都取得了令人瞩目的成绩，多式联运的运输方式也越来越受到重视和发展；新型运输工具不断研制并投入使用，使得货物从供应地到需求地的时间被大大缩短。尤其是对于一些鲜活农产品来讲，速度的要求十分严格，它们具有不耐储存等特点，更需要在新鲜的时候满足顾客的体验，这不仅需要速度，更需要强大的技术支持，如冷链保存等。同时，现在兴起的电子商务使人们越来越接近物流，对速度的要求逐步提高，这就更加需要进行合理运输，以实现货物从生产地到消费地的转移。在这一过程中，要充分有效地运用各种运输工具的运输能力，以最少的人、财、物的消耗，及时、准确、经济、安全地完成运输任务。

系舟身万里，伏枕泪双痕。

全融151　温殷佳

出处

［唐］杜甫的《九日五首·其五》：故里樊川菊，登高素浐源。他时一笑后，今日几人存。巫峡蟠江路，终南对国门。系舟身万里，伏枕泪双痕。为客裁乌帽，从儿具绿尊。佳辰对群盗，愁绝更谁论。

解释

我登上船，行船之后已经在家乡的万里之外，满溢的思乡之情使枕头上出现了两行泪痕。

物流释义

诗人登上船，行船之后转眼间就远离家乡万里，借行船的速度之快来以表达他的思乡之情。在古代，由于陆路在雨雪天气时不便行走且速度较慢，水路运输便成为一种极其重要的运输方式。借用河、海等天然河流的水流速度，不同用途、大小的船只被制造出来，广泛地进行商用、货用，成为一些人维持生计的重要工具。随着人们逐渐认识到船运的便利性和重要性，船运逐渐地发达起来。为了贯通南北两方的文化交流与商品流通，同时将南方的粮食更快速地运送到北方，隋炀帝下令开凿京杭大运河作为南北的交通大动脉，为社会的和谐统一与经济发展做出了不可磨灭的贡献。

相对于古代的步行、马车等运输方式，水路运输展现出了其绝对性的优势：快航性。我国古代船舶的制造技术很高，船体造型的设计能充分利用风力以及减少水的阻力，运行速度快。同时，其大规模的运力是陆路运输难以相比的，航运产生出的规模经济使单位货物运输成本有效地下降。其次，航运能充分利用风能，不必消耗更多的人力、物力、财力，这是步行、马车、轿撵等运输方式所没有的优点。进行远距离运输，如郑和下西洋，远洋大型船舶长距离运输更是其他运输方式不可取代的。故水路运输在时代背景下具有特殊优势，使其成为人们日常生活、商品流通、文化融合、外交不可或缺的部分。

诗人在诗中蕴含了无尽的哀思，尤其是在乘船看着家乡的景物渐渐远去时达到高潮，诗人可能在心中这样喊："船啊，你走得再慢一点吧，让我再多看一眼自己的家乡。"水路运输的速度之快使"船""舟"等字眼在诗人表达哀思、离别、不舍之时频繁出现，如"故人西辞黄鹤楼，烟花三月下扬州。孤帆远影碧空尽，唯见长江天际流""李白乘舟将欲行，忽闻岸上踏歌声。桃花潭水深千尺，不及汪伦送我情。"

城阙辅三秦，风烟望五津。

金融 151　刘杭

出处

［唐］王勃的《送杜少府之任蜀州》：城阙辅三秦，风烟望五津。与君离别意，同是宦游人。海内存知己，天涯若比邻。无为在歧路，儿女共沾巾。

解释

古代三秦之地，拱护长安城垣宫阙。风烟滚滚，望不到蜀州岷江的五津。

物流释义

本首诗是表达诗人离别之情的，杜少府即将去往四川，诗人与他郑重地道别。古时候，道路崎岖难行，交通工具又落后，一别动辄多年，能否再见很难说，所以古人格外重视离别，而这种情况主要是因为古代不便利的交通所致。

古代人们前往别的地方常常会选择陆路或者水路，诗中的杜少府此次就是坐船前往四川，无论采用哪种方式，在当时都是极不方便的，诗句中的五津是指位于四川岷江的白华津、万里津、江首津、涉头津、江南津五个著名渡口，古代的渡口非常简单，能够让船停靠、搬运货物即可，如今，这样的渡口早已不复存在，因为它已经完全不能满足现代运输的需求，渡口、码头的建设情况在很大程度上决定了运输的速度。物流课上，老师所放视频中的码头每天都会停靠几十艘装满货物的轮船，如果码头的建设不到位，肯定会导致这些货物都积压在码头，无法及时运出，影响物流的速度，后面的环节无法正常进行，所以，实现完全机械化运作对我国物流行业的健康高速发展有非常重要的意义。

水路运输是所有运输方式中运输量最大的，能源消耗低，能够实现大陆间的运输，方便了国际贸易，古代很多国家从事国际贸易活动都是采用水路。虽然水路与其他的运输方式如飞机、火车等相比速度较慢，但是由于其巨大的运输量，仍然被很多物流企业选择作为主要的运输方式，在现代科学技术的发展下，水路运输早已不是古代的水路能够相比，更加先进的运输工具、更加优化的航线，都使水路运输逐渐突破自己的速度标准发展得越来越快，相信在未来科学技术等发展下，水路运输的速度定能实现质的飞跃。

一桥飞架南北，天堑变通途。

金融 132　窦智

出处

毛泽东的《水调歌头·游泳》：才饮长沙水，又食武昌鱼。万里长江横渡，极目楚天舒。不管风吹浪打，胜似闲庭信步，今日得宽馀。子在川上曰：逝者如斯夫！风樯动，龟蛇静，起宏图。一桥飞架南北，天堑变通途。更立西江石壁，截断巫山云雨，高峡出平湖。神女应无恙，当惊世界殊。

解释

大桥飞跨沟通南北，长江天堑将会畅行无阻。

物流释义

长江是我国第一大河，长江流域内共有通航河流 3600 多条，其通航里程占全国内河通航里程的 70%，是我国的运输动脉之一。长江的存在使得长江流域内可以较大规模地通过水运进行大批量的低成本运输。然而从另一个角度看，长江也在一定程度上阻碍了中国北方与南方之间人员的流动和物资的运输。武汉长江大桥的建成对于我国的铁路运输有着极为重大的意义。

铁路运输有运量大、成本低、速度较快、受天气影响小等特点，其对我国交通运输业、物流业有着不可替代的重要作用。今天，我们可以乘坐京广高铁、京沪高铁以每小时 300 千米的高速直接跨越长江，万吨货列也可以畅通无阻地来往于长江南北。而在武汉长江大桥建成之前，长江两岸之间只能依靠船舶运输人员、车辆、货物。京广铁路还依然只是京汉铁路与粤汉铁路两条独立的铁路线，它们之间只能依靠武汉铁路轮渡来联通。

而除京广线之外，京沪线也被长江分割为沪宁铁路与津浦铁路。依靠渡轮在长江两岸运输货物，徒增了很多运输环节。一列火车要想通过铁路轮渡必须要经过站场解编、下栈桥、上渡轮、下渡轮、上栈桥、重新编组等诸多环节，而每个环节都必然使得效率下降并增加成本。

而从武汉市的角度来看，武汉长江大桥使武汉成为重要的铁路枢纽，并且将武昌、汉口、汉阳三镇连为一体，方便了城市内的交通，从而极大地促进了武汉的发展。

残星几点雁横塞，长笛一声人倚楼。

金融 092　王雪春

出处

［唐］赵嘏的《长安晚秋》：云物凄清拂曙流，汉家宫阙动高秋。残星几点雁横塞，长笛一声人倚楼。紫艳半开篱菊静，红衣落尽渚莲愁。鲈鱼正美不归去，空戴南冠学楚囚。

解释

残星几点，群雁从塞外飞来，有人倚楼吹着长笛，曲调悠扬婉转。

物流释义

人类饲养鸽子作为传递信息的帮手，历史久远。公元前 3000 年前后埃及人就已经用鸽子来传递书信了，当时主要是用信鸽传送奥林匹克运动会的成绩。在我国，据史料推测，春秋时期已经开始饲养鸽子，隋唐时期，鸽子已被用于寄信传书。在西夏与北宋的战争中，信鸽被西夏军队用作军事通信。至南宋时，养鸽之风大盛，连高宗也醉心于此。虽然当时有人作诗“万鸽飞翔绕帝都，朝暮收放费功夫。何如养取云边雁，沙漠能传二圣书”，讽刺这位玩物丧志甘心偏安江南的皇帝，但是鸽子却颇为文人将士所喜爱。据明代相关史料记载，当时的信鸽从淮阳飞至京师，1400余里，只需用3天时间。但是普通百姓几乎没有专门的通信设备，与远方的亲人书信来往非常困难。“九度附书向洛阳，十年骨肉无消息”“烽火连三月，家书抵万金”“寄书常不达，况乃未休兵”……古时候的信鸽往往寄托着人们的相思之情。

通信技术和应用非常发达的今天，信鸽逐步退出传递信息的历史舞台，取而代之的是信鸽比赛，比赛者同时放飞信鸽，比赛距离有400千米、800千米、1000千米或者2000千米，最后看谁的信鸽先到达目的地谁就赢得了冠军，这样也保留了人们对飞鸽传书的一种情怀。虽然现在无须再利用鸽子进行传信，但是前一段时间在申通、圆通等一批民营快递公司运营成本上升、纷纷涨价的时候，却有人调侃“恐怕得养鸽子了”，可见鸽子在物流中的影响还是根深蒂固的，成本低、直线运输，运输方与接收方的物流通畅得到了有效支持。

疾风吹片帆，日暮千里隔。

会计101　蔺春鸽

出处

［唐］李白的《江行寄远》：刳木出吴楚，危槎百余尺。疾风吹片帆，日暮千里隔。别时酒犹在，已为异乡客。思君不可得，愁见江水碧。

解释

西来的疾风吹动着顺水东去的船帆，一日的航程就有千里之远。

物流释义

向东行驶的船，利用西风的优势，只一天的时间就行出了千里的距离。这句诗体现了物流运输方式选择的重要性。

在物流运输过程中，除了要注意速度的控制，运输方式的选择也尤为重要。

运输工具主要有火车、轮船、汽车、飞机、管道等，与其对应的运输方式为铁路、水路、公路、航空和管道运输这五种。物流企业在选择运输方式时，要考虑运输线路的自然条件，根据所需运输服务的要求，以及不同运输方式的特性，作出最优选择，达到低成本、高效率的结果，在一定条件下也可以将几种运输方式进行结合。在选择正确的运输方式降低运输成本时，要考虑到很多影响因素。价格因素对于这五种运输方式来说，运输成本相差较大，在实际中要根据运费成本、时间成本、货物性质以及运输安全等因素，综合比较来确定最终成本，从而选择合理的运输方式。运输时间，有些商品由于货物价值时间价值的有限等需要较少的平均时间，因此平均运输时间是一个重要的运输服务指标。不同的运输方式提供的货物平均运输时间是不同的。运输质量的安全性问题，即货物的灭失与损坏。各承运人的安全运输货物的能力不同，所以运输中灭失与损坏的记录对选择不同的运输方式也很重要。综上，价格、运输时间、运输安全等因素，直接或间接地影响着物流的运输成本。

运输方式的选择不仅仅限于单一的运输手段，有时需要多种运输方式合理组合，也就是根据自然条件、货物自身状况、价格、时间等将各种运输方式的优势集中起来减少运输风险，更优地服务。

宋家汴都全盛时，万方玉帛梯航随。

金融 142　张扬

出处

［明］李东阳的《题清明上河图》：宋家汴都全盛时，四方玉帛梯航随。清明上河俗所尚，倾城士女携童儿。

解释

宋朝汴都全盛的时候，珠玉布匹等许多货物一船接着一船驶向汴都。

物流释义

这句诗主要体现了宋朝物流运输时的场景，从中也可以看出古代的采购及控制库存的方式。宋朝的汴京作为当时的都城，无论是关系百姓生活的粮食还是食盐等都需要从全国各地运来；同时，作为都城，当时的百姓生活十分富足，各种商品贸易十分频繁，汴河码头呈现出十分忙碌的景象，这句诗描写的正是当时码头各种货船来往的景象。其中，“航”字点明了当时用来运输商品的主要交通工具为船。宋朝陆上交通不是很发达，在陆上运输商品所需要的时间也比较长，而且受天气影响较大，重要的是陆上运输在运输大量的商品时需要大量的马车和人力，成本很高；而汴京本身有汴河这一条大运河，在水运上有着优势，故而在当时都城汴京贸易往来运输货物的主要方式仍是水运，水运能运输较大量的货物，一船接着一船驶向汴京码头，足见当时运输的货物量之大。“万方玉帛”既点明了运送的货物量大，也点明了当时运输的商品主要是布帛、玉器这类便于长期保存的商品，这是因为宋朝包装保存货物的方式有限，食品等可能在运输过程中就损坏了。宋朝除官船之外大多是商船，一般是大的商贾带领随从去其他地方采购，也就是我们现在说的第二方物流。古代交通不便，船运所需要的时间也相对较长，而每次商船外出采购的频率也较少，可能好几个月才会采购一次，时间大多时候也是固定的，这属于我们现在所说的定期采购法。当时，商贾因为不能经常进货，所以会一次性运输大量的商品，通过大量的库存而弱化需求预测这一工作，但商贾在购进货物时也会大致根据往年销量预测需要的购货量，因为能进大量不同种类的商品的商贾较少，一个商贾在做大之后竞争者也会更少，往往能几十年都保持大商贾的地位。同时，在发生特殊情况时，如某个地方闹饥荒，粮食的需求就会增大，这些商贾也会因为有大量的库存而成为皇家征粮赈灾的对象。

海内存知己，天涯若比邻。

经管111　关雪

出处

［唐］王勃的《送杜少府之任蜀州》：城阙辅三秦，风烟望五津。与君离别意，同是宦游人。海内存知己，天涯若比邻。无为在歧路，儿女共沾巾。

解释

虽然互相离别相隔天涯，但是他们的心却是连在一起的，友谊不会因此而淡薄，而会更加万古长青。

物流释义

这句诗与物流的关系不浅。先看第一句“海内存知己”，这句诗字面上是说在广阔的四海之内拥有自己的真心朋友。但是在物流与供应链管理中，可以理解为，在五湖四海、祖国内外的各个地方都存在一些功能作用相同的物流中心和配送中心。这个“知己”就是看似很相似的物流中心和配送中心的指代。物流中心和配送中心在功能和作用上比较相似。

配送中心是整个物流的关键设施，以此为货物转移中介，通过有效地组织货物调配，使资源实现跨域、跨空间的配置。配送中心一般都配置有仓库、货栈货运站等，通过相关人员配货和送货完成资源的最终配置，把货物传递到收货方手中，实现物流的目的。而物流中心是实现物流集散和控制一体化的一个节点，依托不同层次的物流设施展开物流活动、指导物流运营与管理。就是这样的互相配合，环环相扣，让货物实现了流通。

第二句“天涯若比邻”。这句诗就是前一句诗的结果。遍布全世界各地的各种物流中心、配送中心甚至是物流园区，通过科学的管理、先进的信息处理技术和运输体系，让世界各国的货物实现了零距离。各种物流方式，如铁路运输、公路运输和水路运输等也拉近了各国各地区之间的距离。让在北方的人也可以吃到南方的生鲜农产品和新鲜水果，再也不是古代那种“一骑红尘妃子笑”的年代了。这就是所谓的现代物流中所追求的“天涯若比邻”。

几共查梨到雪霜，一经题品便生光。

金融 162　陈仲楠

出处

［宋］苏轼的《浣溪沙·几共查梨到雪霜》：几共查梨到雪霜，一经题品便生光，木奴何处避雌黄。北客有来初未识，南金无价喜新尝，含滋嚼句齿牙香。

解释

橘树何时与山楂、山梨一起长到雪霜来时？一旦经过品评之后，便增添光彩。橘子能在什么地方避开人们的议论？我到黄州来，开始还未认识橘树。如荆州、扬州产的金子般的橘子极为贵重，我乐于尝新橘。品尝橘子吮它的滋味，赋写橘诗嚼它的句子，口味芳香。

物流释义

这句词主要是咏橘的高洁品格和生活地位。这两句显示了山楂和山梨一到深秋就成熟，根本度不过霜期，而橘子却能凌霜傲雪，抗寒抗冻常绿不衰。虽然描写的是橘的品格，但其中也蕴含着物流的知识：不同的农产品具有不同的收获期和保鲜期，在现实生活中，水果销售商经常需要考虑如何将水果更加完好地运向其他销售地，以实现更好的业绩。通常，在农产品物流过程中的采购、仓储、运输环节都可以实施水果保鲜的措施。

在采购环节，首先要选择能够提供优质水果货源的生产地、上游企业，一个新鲜的、高质量的货源是之后所有环节的基础。另外，就是在确保有良好货源的基础上尽可能地通过谈判等手段降低进货成本，同时与供应商保持良好的关系，以确保能够拥有稳定的货源。

在仓储环节，首先要确保的是仓库的物理指标良好，如湿度、温度、通风要求等，这些都是农产品保鲜的重要条件。还需要注意仓库的分布。仓库应该在距离销售地不算太远的郊区，一方面仓库的成本费用会较低，另一方面距离不是太远，能灵活地进行收货补货等操作。在仓储管理中，还应注意把一些特殊的农产品分开存放，如榴梿、容易催熟其他水果的苹果。

在运输环节，应该选择合适的运输工具。选择的时候要充分考虑到货物的保质时间，下游销售商对货物的要求如何。另外，包装也是很重要的一环。物流中的包装通常是为了方便货物运输的同时保证货物受到最小的损坏。对于水果来讲，防磕碰就是很重要的一点。对于一些特殊的水果，在运输过程中要进行冷链处理，最大限度地保证水果的鲜度。

如此一来，在古代那些不容易被解决的问题就迎刃而解了。人们受益于物流行业的进步，可以吃到本地不生产的新鲜水果。

山根盘驿道，河水浸城墙。

会计 101　曲海缔

出处

［唐］岑参的《题金城临河驿楼》：古戍依重险，高楼见五凉。山根盘驿道，河水浸城墙。庭树巢鹦鹉，园花隐麝香。忽如江浦上，忆作捕鱼郎。

解释

“金城”在今兰州市白塔山西南，又称金城关驿楼，南临黄河北依高山，形势险要。

古代由于科技的限制，通信技术与今天是截然不同的，在兵荒马乱的年代，在外作战的士兵与家人通信显得非常困难，真可以说是一种奢望，杜甫就有“烽火连三月，家书抵万金”的感慨。因此人们对书信产生了许多美妙的设想，曾想借助一种定期迁徙的候鸟——鸿雁来传递书信。李清照曾在《一剪梅》中写到“云中谁寄锦书来，雁字回时，月满西楼”，表达了天各一方的相思之苦，希望能够借南归的鸿雁传递信息。

前面这些都是文人墨客们幻想的传书形式，然而使书信能够得以传递的还是那些邮差、驿使，但是他们要进行书信传递就离不开驿途中的邮亭驿站，以供他们食宿和休息。往日的丝绸之路上，邮差驿吏奔驰其上，成为东西方文化经济交流的渠道。今特将古人留在丝绸之路甘肃境内的一些咏驿站的诗歌加以摘录，以兰州为起点，分享给读者。

驿站是专门为朝廷传递官府文书和军事情报的人或来往官员途中食宿、换马的场所。类似于现代物流生活中的网点、交货点、仓库、配送中心等。而驿站的官员类似于现在的配送快递员。

物流释义

一、配送中心的主要类型

专业配送中心、柔性配送中心、供应配送中心、销售配送中心、城市配送中心、区域配送中心、储存型配送中心、流通型配送中心等。

二、配送的功能要素

集货、分拣、配货、配送运输、送达服务、配送加工、配送售后服务。

三、配送规划的基本原则

时效性：能在指定时间内交货。

可靠性：保证物品的完好无缺。

服务态度：配送时候让客户有很高的满意度和增值服务度。

便利性：尽量按照客户的要求进行配送，给客户带来便捷性。

经济性：物美价廉，性价比高。

四、运输与配送的差别

运输性质：运输主要指干线运输，而配送主要指支线和区域运输。

货物性质：运输主要是大批量小品种；配送主要是指少批量多品种。

管理侧重点：运输主要是效率优先；配送主要是服务优先。

射人先射马，擒贼先擒王。

电商 161　张若兰

出处

［唐］杜甫的《前出塞九首·其六》：挽弓当挽强，用箭当用长。射人先射马，擒贼先擒王。杀人亦有限，列国自有疆。苟能制侵陵，岂在多杀伤！

解释

表面意思是说，如果要通过射击击败一个骑兵，应该先射他骑的马；想要击败敌人，要先擒拿他们的统帅。引申意思是，在解决事情上抓住关键，解决主要矛盾，其他的细节便可以迎刃而解。

物流释义

“射人先射马，擒贼先擒王。”本义是形容在战争中要找到要害才能获胜，引申的意思是要抓住事情的主要矛盾，才能解决问题。而在物流与供应链管理中可以用来解释供应链各环之间的关系。其中的“人”“贼”都是指整条供应链，而“马”和“王”则是指供应链中的核心企业。所以，在物流与供应链管理中的释义即为：想要管理好整条供应链，一定要找准其中的核心企业，并使其充当领导者的角色，同时承担相应的责任，才能保证供应链的高效、有序运转。在供应链中，管理好核心企业，是管理好整条供应链的关键。

仓充鼠雀喜，草尽兔狐愁。

金融151　范书妤

出处

［北宋］包拯《书端州郡斋壁》：清心为治本，直道是身谋。秀干终成栋，精钢不作钩。仓充鼠雀喜，草尽兔狐愁。史册有遗训，毋贻来者羞。

解释

仓库充足鼠雀就很高兴，少则悲。宛如常吃野草的狐兔，野无杂草就发愁，野有杂草就安稳。

物流释义

将古代州府看作一家企业，诗句“仓充鼠雀喜，草尽兔狐愁”体现了其库存业务管理的三个方面。

第一，在库存经营过程方面，主要分为订货过程、进货过程、保管过程和销售出库过程。订货过程是指从发出订单直到订货成交、签订订货合同为止的过程，是一个商务流通过程，增加了企业的名义库存量；进货过程是指从订单成交、签订订货合同到货物入库的整个过程，是一个物流过程。保管过程是指物资入库到物资出库的管理控制过程，为监盘数量、物资质量等的管理阶段。销售出库过程是库存物资销售出去离开仓库的过程，既是商流过程又是物流过程，企业库存数量减少，企业收入增加。对古代州府来说，订货是通知收粮（或向朝廷申请拨粮）的过程，进货是收粮的过程，保管是存粮的过程，销售出库可以看成是日常消耗和灾时放粮的过程。“鼠雀”偷食就发生在保管过程中，主要是因为没有建立完善的库存管理制度，如入库编码、定期盘点等，而给贪官污吏留下了腐败的空间。

第二，在库存进货方式方面，主要有瞬时到货和非瞬时到货两种。瞬时到货是指一次所订货物全部到货补给库存，进货过程不需要花太多时间或可忽略，即订即到，一次到货；而非瞬时到货是指所有订单不是按照一次性到货，而是按照批次逐渐到货，它花的时间比瞬时到货要多，持续时间要长。对于古代州府来说，丰年的粮食征收需要按照生产周期进行且挨家挨户征收，过程缓慢；荒年的朝廷赈济也由于交通不便需要较长时间，或者需要从不同地区调粮，两者都是非瞬时到货的方式。

第三，在库存经营方式方面，按照是否可以缺货可分为不允许缺货、可以缺货和实行补货三种。不允许缺货就是客户的订货需求都能由现货供应，整个物资供应期间库存量都大于零，若缺货就会造成停产和停工损失；可以缺货即允许不用保证对客户的现货供应，在物资供应期间库存量大于等于零，若仓库中有现货就供应，没有现货就不供应，不会实行欠账供应；而实行补货是指没有现货时实行欠账供应并马上进货，整个物资供应期间库存量能够小于等于零，若仓库里有现货就供应，没有现货则实行欠账供应。对于古代州府的粮食仓库来说，是不允许缺货的。一方面，由于其非瞬时到货的进货方式，一旦缺货，就无法得到迅速的补充；另一方面，民以食为天，没有足够的存粮，就会人心惶惶，“狐兔皆愁”，当地生产也会停滞，甚至会爆发动乱，也就是说，其储存物资的特殊性造成其缺货成本是非常高的。也正因为其不允许缺货的经营方式，导致贪污腐败的危害被放大，因为贪污腐败导致库存账实不符，不利于主管官员判断订货点，从而增大了缺货概率。

剑阁峥嵘而崔嵬，一夫当关，万夫莫开。

会计 102　舒杨杨

出处

［唐］李白的《蜀道难》：蜀道之难，难于上青天，使人听此凋朱颜！连峰去天不盈尺，枯松倒挂倚绝壁。飞湍瀑流争喧豗，砯崖转石万壑雷。其险也如此，嗟尔远道之人胡为乎来哉！剑阁峥嵘而崔嵬，一夫当关，万夫莫开。所守或匪亲，化为狼与豺。朝避猛虎，夕避长蛇；磨牙吮血，杀人如麻。锦城虽云乐，不如早还家。蜀道之难，难于上青天，侧身西望长咨嗟！

解释

山势又高又险，一个人把着关口，上万人也打不进来。形容地势十分险峻，也形容一个人有万夫莫开之勇，一个人抵挡上万个人。

物流释义

物流是一个环环相扣的体系，任何一个环节出现问题，整个系统就不能正常运作，就像诗句“一夫当关，万夫莫开”说的那样，只要有一个地方出现堵塞，就不能前进了。如果交通出现了堵塞或考存货得不到及时的供应，那整个物流就崩溃了，所以要保证物流的畅通，任何一个细节都不能疏忽。

在我国，物流运输中有很多的阻碍因素。例如，因冷冻的成本很高，有的企业就不注重保鲜冷藏，使得食品药品的质量下降；或者因为交通堵塞，货运速度得不到提高，很多货物都在路途上艰难前进。其实，要保证物流的畅通，光靠企业的单个力量是不够的，政府和整个社会都应该齐心协力，提高运输的速度和效率。

金璧虽重宝，费用难贮储。

经管 102　孙泽宇

出处

［唐］韩愈的《符读书城南》：金璧虽重宝，费用难贮储。学问藏之身，身在则有馀。

解释

金和玉虽然是贵重的宝物，可是储存费用过大。

物流释义

这句诗涉及库存管理的问题。首先要对库存编码，然后制定 ABC 分类。把品种少、占用资金多、比较贵重物品归为 A 类；把处于中间状态的物品定为 B 类；品种多，占用资金少，采购较易、价值较轻的物品归为 C 类。如金和玉就是 A 类物品。对于 A 类物品，应实行重点管理，严格控制库存。就像诗句里说的那样，“费用难贮储”。

通常认为，建立在 ABC 分类基础上的库存管理有如下战略：①花费在购买 A 类库存的资金应大大多于 C 类库存。②对 A 类库存更加注重现场管理，管理更加精细化。③管理过程中，注重各种成本问题的考虑，通过各种成本的核算来进行优化管理。

六月禾未秀，官家已修仓。

金融103　李卉婷

出处

[唐] 聂夷中的《田家》：父耕原上田，子劚山下荒。六月禾未秀，官家已修仓。

解释

六月地里的稻子还没有抽穗，而官家收税的仓库已经修好了征收税赋。

物流释义

这里提到的“仓”指粮仓，按照用途分类，属于公共仓库；按照构造分类，属于散装仓库；按照保管目的分类，属于存储中心性仓库；从布局角度讲，属于吸收型仓库，即生产点包围仓库。

仓库在选址时，首先，应当考虑生产点（农户）周边的自然地理环境，并尽量选择辐射生产点较多的地点建立仓库；其次，应考虑粮食向外部运输的便利度，选择交通条件适宜的地点；同时应根据预计可收取粮食的数量，建造适当大小、适当数量的仓库。

针对粮食自身的性能特点，在储藏时应注意外界气候环境对其质量的影响，其中湿度和温度是影响物品质量变化的主要外界因素。储藏时应首先了解物品适宜的温湿度范围，采取相应的温湿度监测调节措施。

由诗句可知，仓库是在货物产出前建造的，并且当时恰逢六月干旱时节，因此仓库容量的设计、数量的选定极有可能超出实际产量大小，这样就造成仓库建造时劳动力、材料、空间的浪费，实际投入使用时也会造成存储空间的使用率低下。这种情况就不符合仓储系统的基本要求："储存多"方面，未能实现仓容利用率的提高；"保管好"方面，这里的粮仓可能由于对外界环境的不可控性，无法及时调节粮食储藏所需的温湿度等条件，造成粮食质量下降甚至损失；"吞吐快"方面及"费用省"方面，由于这里粮仓的主要功能为长期储存，因此不需要满足快吞吐、减少库存的要求。

官仓老鼠大如斗，见人开仓亦不走。

金融113　舒瑞玥

出处

［唐］曹邺《官仓鼠》：官仓老鼠大如斗，见人开仓亦不走。健儿无粮百姓饥，谁遣朝朝入君口。

解释

官仓内粮食满仓，老鼠吃得肥大，宛如盛粮食的斗那么大。

物流释义

库存管理的总目标是保障供应和降低成本。"官仓老鼠大如斗"，老鼠把仓库里的粮食吃了，说明仓储没有实现最基本的储存和保管功能。这首诗批判的是贪官污吏，但也有可能是因为仓库本身的问题：粮食堆放不当，仓库密封条件不好、粮仓防鼠措施不到位等。古代的仓库不可能做到像我们学习的那样拥有现代保管技术，而现在的仓库，尤其是对食品的储存保管，特别需要做到现代化自动化管理。仓库的温湿度、霉变和虫害的防治、冷冻冷藏技术等，都需要运用到仓库管理中。同时，粮仓里的粮食把老鼠都养肥了，说明粮食非常多。库存是需要花很大的成本的。在古代，靠天吃饭，今年丰收，明年可能就歉收，因此需要大量的储存。另外古代商品经济不发达，也没有形成节约库存成本的观念，再加上贪官污吏横行，“官仓老鼠大如斗”的现象或许比较普遍。但是对于现代经济、科技发展水平来说，需要对其库存进行更科学的管理。首先，要明确库存管理原则：建立存货管理会计制度；把最小物流总费用作为库存成本管理的目标；建立库存成本的定期核算制度；零库存指导思想。其次，并不是每一级粮仓都需要大量储存粮食，一些零售商、批发商、分销商等都应该合理预测，保证供应，就算难以做到 JIT 零库存控制，也可以施行定期订货法，严格控制自己的库存成本。

包装有三个作用：保护商品、方便流通、方便消费。我们可以想象“官仓老鼠大如斗”的画面，呈现出来的是粮食散落地堆放在地上，没有包装，也没有其他保护。散放在地上的装卸搬运活性指数为零，是最低的，就算古代科技不发达，将其置于一般容器里的活性也会高于散放在地上。对我们现在来说，如果能实现自动化仓库，甚至能置于动力车辆或传送带上，实现零库存，那么不仅保证供应，节约了库存成本，也提高了装卸搬运的效率，使装卸搬运更合理。对于包装来说，我们现在在市场上买到的大米等粮食，多是由大布袋装好的，这样既能保护商品，包装的标准化也能方便流通，方便消费，粮食也能储存更长的时间。但是现在又有了新的问题，一些可口、新品种的粮食逐渐成为馈赠佳品，于是出现了过度包装。目前物流的成本是相当高的，如果运用“冰山学说”，还有更大一部分的成本被隐藏了起来，我们应该从每一个环节节省成本，让物流朝着一个更好、更健康的方向发展。

忆昔开元全盛日，小邑犹藏万家室。
稻米流脂粟米白，公私仓廪俱丰实。

金融121　马航

出处

［唐］杜甫的《忆昔二首》：忆昔开元全盛日，小邑犹藏万家室。稻米流脂粟米白，公私仓廪俱丰实。

解释

开元全盛时期，连小县城都有上万户人家。粮食连年获得丰收，粮食装满了公家和私人的仓库，人民生活十分富裕。

物流释义

“稻米流脂粟米白，公私仓廪俱丰实”阐述的是物流环节中的重要部分：库存管理。

诗句中描述粮食装满了公家和私人的仓库，表明人们当时生活富足。但是从物流管理的角度看，公家和私家的仓库都存满了粮食对于老百姓和社会来说是好事情，但是从物流的角度来说，大量的库存并非优势，因为伴随企业的大量库存会带来机会成本，同样会带来许多管理问题。例如，资金占用、效率低下、管理不当和不能给企业带来收益。因此，库存管理的决策目标是在现实的资源约束下实现订货需要而又使库存成本达到最低。

硕鼠硕鼠，无食我黍。

会计 141　陈亦琦

出处

《国风·魏风·硕鼠》：硕鼠硕鼠，无食我黍！三岁贯女，莫我肯顾。逝将去女，适彼乐土。乐土乐土，爰得我所。

解释

大老鼠啊大老鼠，不要偷吃我的粮食。

物流释义

这首诗是控诉官僚剥削者的诗歌，以硕鼠比喻剥削者，其比喻义远高于诗歌的字面义，但也不妨让我们从物流的角度来对此进行解读和释义。古代的劳动人民收获粮食，除了上缴税赋和自足，如何存储剩下的粮食以供售卖，这其实可以看成是物流与供应链管理中的仓储管理。

仓储是在特定的场所储存物品的行为，具有储存和保管功能，调节供需的功能，调节货物的运输能力，流通配送加工的功能，信息传递功能，产品生命周期的支持功能。考虑到当时自给自足的小农经济的时空环境，个体劳动人民不具备建设大型粮仓的经济能力和规模化产出经营能力，他们的需求主要是好和安全，即保证仓储粮食的质量，减少霉变和虫害，以及保证粮食、财物的安全，谨防被盗。对劳动人民来说，仓库一般就是自己家中一个“单层”仓库。

当今仓储管理的主要内容包括：仓储系统的布局设计、库存最优控制、仓储作业操作。仓储系统的布局设计需要考虑到仓库的选址、仓库数量与规模、仓库系统布局等内容，库存控制主要介绍了追求合理库存甚至零库存，仓储作业操作是指仓库物资的入库、储存和出库作业，前两者与这里所说的诗文关联性不强，就不详述，笔者主要从仓储作业的角度来分析。

商品入库一般经过接运、验收两个阶段，入库前要做好仓位准备、接货人员准备等准备工作，再做核对资料、检验实物等工作。储存保管作业主要是维持储存物资的使用价值和数量等不变。物资产生质量和数量变化的原因主要有发生生化变化，即霉变、腐败、虫鼠侵入和自然灾害等造成损失；物理变化，洪涝、火灾造成物资的破坏；价值变化，因为丰收歉收造成的供需变化引起价格变化等。这就要求仓储管理者要做好相关维护保养的工作，包括温度和湿度的调节控制，通风、去潮、去湿、去污染，清洁卫生，防虫、防暑、防盗、防火，对已经发生变质损坏的物资要采取晾晒、修复、消毒等措施防止损失的扩大。仓储者还要做好盘点的作业，及时清点物资数量，做好准备应对突发情况。最后一步作业则是出库。这些作业分工细腻，现代的大型企业未必步步执行，更何况是古代个体经营的农户，对他们来说做好储存保管就已属不易。

值得一提的是，科技的进步为现代仓储管理带来了许多便利，其中包括现代保管技术，如仓库温湿度管理、冷冻冷藏技术、霉变和虫害防治等，而这些对古代劳动人民来说是无法想象的。这也不禁让人感叹，科技的力量是多么强大。

心忧炭贱愿天寒。

金融102　赵博阳

出处

［唐］白居易的《卖炭翁》：卖炭翁，伐薪烧炭南山中。满面尘灰烟火色，两鬓苍苍十指黑。卖炭得钱何所营？身上衣裳口中食。可怜身上衣正单，心忧炭贱愿天寒。夜来城外一尺雪，晓驾炭车辗冰辙。牛困人饥日已高，市南门外泥中歇。翩翩两骑来是谁？黄衣使者白衫儿。手把文书口称敕，回车叱牛牵向北。一车炭，千余斤，宫使驱将惜不得。半匹红绡一丈绫，系向牛头充炭直。

解释

物流释义

现代社会当然不会有所谓的“宫市”，但是这句话还是有不少意义的，就物流领域的问题来说，心忧炭贱愿天寒的情况还是客观存在的。而在农业产品的物流与供应链管理领域又极为明显。

自古以来，中国的农业产品市场就有“菜贵伤农，谷贱伤民”的说法，这个问题普遍存在，并不仅仅局限于一种或两种商品上。从供需要求上来讲，这是一个供需平衡问题，但是在现代农业生产之中由于没有办法提前预测市场，在全局上制订计划，仅仅通过调整供需要求的方法来宏观调整这些问题就不是一个现实的解决方法。

以今年为例，年初海南的香蕉大丰收，却只能烂在树上，或用来喂猪。贵州的辣椒，有人收的价格只是种植成本的12%左右。山东的白菜、山楂，内蒙古的土豆……在我国幅员辽阔的国土上，农产品滞销的问题普遍而又顽固地存在着。

农产品滞销从物流与供应链的角度来看，主要是两个环节出现了重大失误，风险才会出现。一是仓储管理（库存管理），二是运输管理。

全国各地由于农业生产水平不同，农业基础设施的水平也不尽相同，大部分地区缺乏大型农业产品仓库，农业产品仓库的储存条件达不到要求，或是仓储的费用昂贵，在农业产品发生滞销的时候，无法通过仓储的手段来进行供需的调节，在市场低迷的时候进行仓储来规避风险，从而造成库存管理上的问题。

在物流运输管理方面，我国与发达国家之间还是存在着很大的差距，近几年，我国对于运输网络的建设已经卓有成效，我国农业水平比较高的省份，有很多处在中西部地区，如江西、湖北、湖南、四川……这些地区的农业发展，交通对于运输的制约是相当明显的，很多产品由于运输能力的问题，难以及时满足市场出清的要求，及时参与市场销售的环节。

对于这两点问题，通过物流与供应链的管理与规划，一定会有比较好的解决方式。这里就不再赘述。依笔者看来，相对于传统的管理方式，物流信息技术的应用也是一个解决农业产品滞销的好方法。

由于信息技术的普遍应用，电子商务的广泛应用，小型生产的农户完全有能力通过互联网络实现部分产品的直接销售，通过和大批发商直接联系，直接跳过传统农产品供应链的一些类似“小型批发商”的中间环节，实现成本的降低，利润的最大化，效益的最优化。

由此可见，在不久的将来，由于完备与合理的物流与供应链的网络建设，类似“心忧炭贱愿天寒”的市场风险问题将能够得到很好的解决。

上张幄幕庇，旁织巴篱护。水洒复泥封，移来色如故。

经管 102　李雨龙

出处

[唐] 白居易的《买花》：帝城春欲暮，喧喧车马度。共道牡丹时，相随买花去。贵贱无常价，酬直看花数。灼灼百朵红，戋戋五束素。上张幄幕庇，旁织巴篱护。水洒复泥封，移来色如故。家家习为俗，人人迷不悟。有一田舍翁，偶来买花处。低头独长叹，此叹无人喻。一丛深色花，十户中人赋。

解释

在花的上面张起帷幕遮盖，周围还编起篱笆保护。为花枝洒上水，给树根封上泥，移栽过来，颜色依然如故。

物流释义

在这首诗中，生动的语句中也蕴含了许多的物流道理。在当时的长安城里，正是牡丹盛开的时节，达官贵族都非常喜欢这种艳丽富贵的花，使牡丹贵极一时，在当时绝对属于奢侈品。而为了将牡丹完好地送到长安城中，花商肯定下了很大的工夫。"上张幄幕庇，旁织篱笆护。水洒复泥封，移来色如故。"为了保持牡丹的完好，花商不但用帷幕遮盖，用篱笆保护，还将树根封上泥，移栽了过来。在这个过程中，运输距离、运输环节我们无法得知，但可以肯定的是，花商必然会用最快的运输速度、最好的运输方式将牡丹送进长安。可以明显看出这是一个非常合理的运输过程。

同时，从另一个角度来看，帷幕、篱笆和泥等未尝不是对花的一种包装，这些包装能够使牡丹在运输、装卸、保管和销售过程中质量和数量不受损失，同时，这些包装充分考虑了牡丹的特性，不仅简单大方，而且会更加突显了牡丹艳丽富贵的特点。

物流虽然是到了现代才被总结成理论，但相关的应用方式早已经被前人所运用。

千锤万凿出深山，烈火焚烧若等闲。

金融111　朱林坤

出处

［明］于谦的《石灰吟》：千锤万凿出深山，烈火焚烧若等闲。粉骨碎身全不怕，要留清白在人间。

解释

（石头）只有经过多次撞击才能从山上开采出来，它把被烈火焚烧看成平平常常的事。

物流释义

诗句中的“千锤万凿出深山”是形容开采石灰石很不容易，“烈火焚烧”指烧炼石灰石。人们在一定的生产关系下生产物质资料。物质资料的生产是人类社会最基本的实践活动，没有生产就没有物流。物质资料是物流的基础。从投入基本的生产物质资料，到经过一系列的加工，直至成品的诞生，这一过程被称为生产过程。“千锤万凿出深山”生动地描述了我们使用的各种各样的物品经过原材料的储备，劳动者使用生产工具作用于劳动对象而最终被生产出来的过程。一个“千”、一个“万”刻画出了生产过程的精细和复杂，也许我们买到的东西是一个单独的物品，但它却是由许多不同种类的原材料经过化学或者物理变化得来的。

随着生活水平的提高，人们在获得物质满足基础之上更是寻求精神满足。包装则成为物品被送至需求者手中之前的一个重要过程。包装是物流的起点，保证包装的合理化、现代化、低成本能够推动现代物流的合理化、有序化、现代化、低成本，包装是物流过程中最基本的组成部分，也是物质的保证，而包装标准化是根本的途径和有效的保障。包装具有艺术性和技术性的双重特性。基本的保护、便利是保护物品完整无缺到达需求者的前提，而人们生活水平的提高和天性爱美的特性使得人们趋向于选择包装精致的物品，即好的包装可以起到促进销售的作用。

除了生产加工，有时为了方便流通、运输、储存、销售、用户以及物资充分利用、综合利用会进行流通加工。通过这一系列的工序，物品最终被送上集装箱，再送上汽车、火车、轮船、飞机进而到达目的地，可谓是“千锤万凿出深山”。目前有许多物品存在过度包装的问题，造成浪费，商家可谓是“烈火焚烧若等闲”。

襟三江而带五湖，控蛮荆而引瓯越。

电商161　陈晨

出处

［唐］王勃的《滕王阁序》：豫章故郡，洪都新府。星分翼轸，地接衡庐。襟三江而带五湖，控蛮荆而引瓯越。物华天宝，龙光射牛斗之墟；人杰地灵，徐孺下陈蕃之榻。雄州雾列，俊采星驰。台隍枕夷夏之交，宾主尽东南之美。都督阎公之雅望，棨戟遥临；宇文新州之懿范，襜帷暂驻。十旬休假，胜友如云；千里逢迎，高朋满座。腾蛟起凤，孟学士之词宗；紫电青霜，王将军之武库。家君作宰，路出名区；童子何知，躬逢胜饯。

解释

滕王阁以三江为衣襟，以五湖为衣带，控制着楚地，连接着闽越。

物流释义

物流中心是物流作业集中的场所，处于配送中心的上游，能够起到商品储存、运输、包装、加工、装卸、搬运等的作用。物流中心的选址与整个物流系统的效率息息相关。

在诗句中，“襟”“带”“控”“引”等动词，体现了物流选址的一些必要因素。物流中心的选址应该与道路交通规划和综合货运网络相协调，能够保证周围有便利的运输网络，如水运、陆运等，以便于货物的集散和中转；与周围大型城市距离相近，方便城市之间的运输时间，减少运输成本。

滕王阁位于江西省南昌市西北部沿江路赣江东岸，而江西省西邻湖北，东连福建，是连接内陆和沿海区域的重要地区，地理位置优越。从《滕王阁序》的描写中，我们可以看出滕王阁所处位置人杰地灵，风景优美，经济繁荣。又位于赣江边，所以在古代就是许多路线的中转点，水路运输十分发达，具有得天独厚的交通运输条件。许多文人墨客都是路过滕王阁参加骆宾王的盛宴。在现在，滕王阁依旧是物流中心的汇聚点，40个物流中心围绕着滕王阁星罗棋布，主要分为综合物流中心和专业物流中心。综合物流中心有邮政物流中心、中铁快运物流中心、招商物流分拨中心等；专业物流中心有黑石汽车用品专用物流中心、江西农产品物流中心等。

物流中心建在此处的原因有五个：一是靠近赣江，方便水路运输；二是附近有南昌站，铁路运输便利；三是位于城市和郊区之间，地价较低，进城方便；四是该地公路网络较为发达；五是南昌青云谱机场也在此区。滕王阁周边兼有水运、陆运、空运的优势，是南昌地区当仁不让的物流中心第一选址。同时，江西省连接了内陆和沿海地区，存在大量物流需求，发展前景也极为乐观。

踏破铁鞋无觅处，得来全不费工夫。

经管 102　徐思祁

出处

［南宋］夏元鼎的《绝句》：崆峒访道至湘湖，万卷诗书看转愚。踏破铁鞋无觅处，得来全不费工夫。

解释

比喻急需的东西费了很大的力气找不到，却在无意中得到了。

物流释义

消费者是供应链管理的核心，无论是核心企业还是节点企业，供应链管理都是客户需求驱动的——正是最终客户创造的需求，推动了生产，只有提升了客户的满意度，供应链管理才能发挥最大的作用。所以，供应链的发展离不开最终客户，顾客可以利用供应链满足自己的各项需求。古代的人们如果想要购买商品需要进行面对面交易，有些不在当地出售的商品也许一辈子都买不到，就算买得到也可能是长途跋涉、离开家乡去往外地的结果，费时费力，所以很多人如果需要某种商品却买不到最终只能遗憾地放弃。时至今日，这个问题因为供应链的出现已经得到了很好的解决，顾客可以通过供应链足不出户毫不费力地就获得自己需要的商品。在现实生活中，我们总会急需一些商品而周围的商店又没有出售，或者商店有售但是我们对价位不满意，这时供应链就可以很好地帮助我们解决问题，我们要做的就是在网上自助下单，并等待快递的运输配送就能够足不出户地进行消费。供应链涉及物流、信息流、价值流、资金流和工作流等，网上交易需要供应链上的各个节点进行信息共享与经营协调。随着信息流和资金流的不断发展，顾客所需要进行的交易前期工作变得十分方便：顾客可以在网上搜索产品并且提交订单，通过网上交易平台如支付宝等实现资金的快速运转，完成支付。然后进入物流阶段，商品一般要经历装卸、搬运、包装、运输、配送等多个步骤然后到达顾客的手中，随着当今物流业的不断发展，从顾客完成网上交易到获得商品的过程所需要的时间正在不断减少，供应链带来的好处正在不断地凸显。顾客的网上交易过程就好像诗句里说的一样“踏破铁鞋无觅处，得来全不费工夫”，像这种以前无法办到、只能想象的事情都是因为供应链的存在才得以实现。

问渠那得清如许？为有源头活水来。

金融121　张锐

出处

［宋］朱熹的《观书有感二首·其一》：半亩方塘一鉴开，天光云影共徘徊。问渠那得清如许？为有源头活水来。

解释

表层含义：这“半亩方塘”为什么这么清澈呢？因为有这源头活水不断地补充进来，才使得它这么清澈。深层含义：生活是写作的源头活水，用心观察才能发现源头活水，激励世人汲取源头活水，做一个生活的有心人。

物流释义

“问渠那得清如许？为有源头活水来”这句古诗特别突出了供应链管理中供应商管理的重要性。

企业为了维持正常的生产活动，需要关系稳固的供应商为其提供基本的生产物质资料，供应商是企业管理中必不可少的一部分，从选择到利益分配都是至关重要的，能够提升整个供应链的稳健性，提升核心竞争力。高效的供应商管理不仅可以提高企业管理水平，而且能大幅提升企业的盈利能力。

以世界第一大零售连锁企业沃尔玛为例，它的成功与其先进的供应链管理分不开。沃尔玛采用以“中央集权式采购”为主的供应商管理体系，设计了对供应商的考核指标——陈列单位销售、资金回报比率、营业外收入、财务收益、促进支持频率、促销力度、产品的质量投诉、送货的少缺次数、退货期限等，同时制定了《供应商守则》对合格供应商资格进行界定，将考核标准最后汇总成供应商的分数，对供应商进行等级划分并进行绩效管理。高效的供应商管理为沃尔玛成为零售连锁企业的大赢家贡献了巨大的力量。

除了对供应商进行绩效考核，生产商与供应商之间还要建立双赢关系，也可以保证“源头活水”。以汽车业巨头之一丰田为例，丰田不仅与供应商发生业务往来，而且帮助其供应商发展，彼此之间相互信任，建立起了一条优质、稳定、可靠的供应链，供应商队伍为丰田注入了源源不断的“新鲜血液”。

此外，“即时购”的实现与供应商管理也密不可分。JIT 采购是一种非常先进的生产方式，可以大大减少原材料和外购件的库存，提高采购物资的质量，降低采购价格，而且设置了零库存的极限目标，为企业提供了一个不断改进的有效途径。为保证企业生产经营顺利进行，采购物资的质量必须从根源抓起，JIT 采购对供应商的合理选择非常重要，一旦供应商供货不及时，将造成巨大的利益损失。丰田公司能够实现真正意义上的 JIT 采购，这与其有效的供应商管理方式、优质的供应商以及良好的长期合作的关系密切相关。正所谓“问企业如何成赢家，为有优质供应商”。

岂曰无衣？与子同袍。王于兴师，修我戈矛。与子同仇！岂曰无衣？与子同泽。王于兴师，修我矛戟。与子偕作！

会计 132　段安琪

出处

《秦风·秦风·无衣》：岂曰无衣？与子同袍。王于兴师，修我戈矛。与子同仇！岂曰无衣？与子同泽。王于兴师，修我矛戟。与子偕作！岂曰无衣？与子同裳。王于兴师，修我甲兵。与子偕行！

解释

怎能说没有衣裳？我愿和你同披一件战袍。天子让我们出兵打仗，且修好我们的戈与矛。我们面对的是共同的敌人。怎能说没有衣裳？我愿和你同穿一件汗衣。天子让我们出兵打仗，且修好我们的矛与戟。我愿与你一同战斗！

物流释义

这首诗体现了供应链中供应商与生产商之间的战略合作伙伴关系。供应商与生产商之间是一种荣辱与共、唇齿相依的关系，当一方的产品出现问题的时候，另一方也会受到牵连。因此，一旦生产商出现问题，供应商在名誉上也会受到损失，如果它不能协助生产商解决问题，就会面临失去客户的风险；一旦供应商出现问题，生产商不仅在名誉上会同样遭受损失，销售量也会直接受到影响。例如，如果丰田需要召回车辆更换零件，其供应商会免费为客户将有缺陷的零件替换成新的没有问题的零件。当然，当生产商生产的产品因为质量好广受好评时，供应商也会有接到更多客户订单的机会；当供应商提供的产品美誉度高时，生产商的产品也会相应有更好的口碑。

马丁·克里斯多夫说过："21 世纪的竞争不是企业和企业之间的竞争，而是供应链和供应链之间的竞争，市场上将只有供应链而没有企业。"供应链和供应商之间利益相关的关系，有益于供应链所提供的产品的服务和质量的提高。以肯德基提供的马铃薯为例，当马铃薯特定供应给肯德基时，会严格按照肯德基的要求去种植和筛选，因此向肯德基提供的原料都是质量比较好的，但是如果二者之间没有形成供应链的关系，供应商在提供产品的时候可能就不能提供同等质量的产品，最终在市场上没有形成供应链的企业就很可能会被淘汰掉。

一发不可牵，牵之动全身。

金融 143　李承帅

出处

［清］龚自珍的《自春徂秋偶有所触拉杂书之漫不诠次得十五首·其二》：黔首本骨肉，天地本比邻。一发不可牵，牵之动全身。

解释

比喻动极小的部分就会影响全局。

物流释义

在物流与供应链课上，我们分组扮演供应链中客户端一直到供货商端各阶层。我们组扮演批发商，下游是零售商，上游依次是分销商、生产商，游戏规则是假定所有的成本都来自库存和缺货，每一级的基础库存都是 20，前两个周期除了零售商不能供货，都只能订货，生产商的生产周期为 3 周，并且只能在有订单的情况下生产，消费者每期都会有 6 ~ 10 的随机需求。

为了把成本降到最低，我们组决定一开始就压缩库存成本，计划前两周不进货，开始供货后才开始向分销商订货，前三个周期我们是很开心的，因为库存成本直线下降。到了第 4 个周期我们库存见底开始少量缺货，第五期分销商的供应来了，但是由于我们的订货量太少，开始了连续几个周期的缺货累积。后面加大订单后，由于刚开始根据我们的行为分销商预测需求很低所以也只向生产商发出了少量订单，导致分销商也严重缺货，同样的问题也在几个周期后出现在了生产商身上，致使整个供应链的混乱。

然而这还没有结束，由于中间商几个周期的缺货和加大订单补货，零售商在无法给消费者供货的几个周期后出现了大量的货物积压。零售商开始停止订单，导致我们这一级也出现了货物的积压，分销商库存也不断增多。进行了 28 个周期游戏结束，结果我们小组的成本远远高于其他小组。

这次游戏让我们深深地意识到，在供应链中小小的决策将导致整个供应链的剧烈波动，现实中错误的决策也许就会导致企业经营举步维艰。其实供应链就像食物链，在“草—兔子—狼—狮子”这样一个简单的食物链中（为便于论述，假设在这一自然环境中只有这四种动物），如果我们把兔子全部杀掉，那么草就会疯长起来，狼也会因兔子的灭绝而饿死，连最厉害的狮子也会因狼的死亡而慢慢饿死。可见，食物链中的每一种生物之间都是相互依存的，破坏食物链中的任何一种生物，都会导致这条食物链失去平衡，最终破坏人类赖以生存的生态环境。同样的道理，在供应链“企业 A—企业 B—企业 C”中，企业 A 是企业 B 的原材料供应商，企业 C 是企业 B 的产品销售商。如果企业 B 忽视了供应链中各要素的相互依存关系，而过分注重自身的内部发展，生产产品的能力不断提高，如果企业 A 不能及时向其提供生产原材料，或者企业 C 的销售能力跟不上企业 B 产品生产能力的发展，那么我们就可以得出这样的结论：企业 B 生产力的发展不适应这条供应链的整体效率。就像我们组过分追求低成本，而忽略了整个供应链的依存关系一样，最后导致了整体效率的低下。

构成供应链的基本要素包括供应商、厂家、分销企业、零售企业、物流企业。供应链中各环节不是彼此分割的，由于信息的局限或失真，可能会导致计划的失真，从而对各个环节产生影响，可谓是“一发不可牵，牵之动全身。”

山中户户作梅忙，火齐骊珠入帝乡。

2015 级硕士 2 班　邱晨

出处

［南宋］陆游的《观杨梅》：山中户户作梅忙，火齐骊珠入帝乡。细织筠笼相映发，华清虚说荔枝筐。

解释

到了杨梅成熟的季节，山里的家家户户忙活着收获杨梅。这些杨梅将被马不停蹄地送往皇城，供皇亲贵族品尝。

物流释义

这句诗从物流的角度来理解，描写的是杨梅从种植户流通至最终消费者的全过程。首先，以种植杨梅为生的农户播种、照料、收获杨梅；其次，对于杨梅有需求的，来自不同地区的许多分销商，在市场上从种植户的手中采购杨梅；再次，分销商将杨梅销售给各个大小城市的超市、大卖场等零售商。同时还涉及杨梅的运输、库存管理、杨梅装卸搬运的问题。运输方式的选择将影响包装要求、产品和原材料的运输。对杨梅的包装应起到三个作用：保护、方便流通、刺激消费。根据成本、能源消耗、时间长短、货损程度，运输产品的特性、出发地和目的地的自然条件，选择适宜的运输方式，如铁路、公路、水路、航空、管道运输五种运输方式，也可以将多种运输手段进行合理组合。此外，还需要采用冷链运输或者生鲜包装的规格将杨梅又快又好地送到消费者手中。同时，将暂时销售不出去的杨梅存放在仓库中，既要保障杨梅的供应，也要尽可能降低库存管理成本。杨梅的装卸搬运直接影响着物流服务的质量和效率以及物流活动的安全和成本。最后，零售商面对的是配送管理与客户服务。配送是物流活动的末端环节，需要直接面对广大的消费者，企业应制订合理的配送计划，满足顾客的需求，赢得市场竞争优势。

极边官军守战场，次边丁壮俱运粮。

经管 102　余芳霏

出处

［宋］刘克庄的《运粮行》：极边官军守战场，次边丁壮俱运粮。县符旁午催调发，大车小车声轧轧，霜寒晷短路又滑，担夫肩穿牛蹄脱。呜呼！汉军何日屯渭滨，营中子弟皆耕人？

解释

政府的军队驻守遥远的边境战场，青壮男子全都在通往边境的路上运粮。

物流释义

《运粮行》一诗描述了丁壮青年为边关运粮的情境，我们不难从诗句的字里行间中看出运粮者在恶劣环境下运粮的艰辛与心酸。由于没有发达的交通运输工具，没有完善健全的信息化系统，没有良好优越的物流管理模式，古代的物流运作模式存在资源利用率低下、运输耗时长等不足，大大降低了货物的流通效率，也无法及时满足买方的需求。信息技术的提升在很大程度上促进了现代物流管理的发展，物流业的快速发展离不开信息技术的提升，基于此，我们也不难发现，信息技术已经渗透进了物流业的各个方面。随着信息技术的发展，尤其是在提出供应链管理的理念后，同一供应链上各环节的企业开始注重相互之间的合作，而不是只关心单一环节或各自企业设施水平的提高，而是更多地关注资源的整合问题，利用信息技术可以做到这一点，既提升了整体的运作效率，又降低了总成本，增强了企业的核心竞争力。信息处理和信息管理的能力能够在一定程度上决定整个供应链对市场的反应能力，决定了各企业对顾客提供高效率、高质量服务的能力。例如，在我们日常生活中随处可见的各式各样的条形码，在极大程度上提升了信息的传递速度，又保证了信息的时效性、准确性。又如，我们日常生活中不常见到的无线电射频技术（RFID），在仓库管理中广泛的使用，其能够高效地解决仓库管理人员无法及时找到产品的储存位置，协助仓库管理人员有效地管理库存。但是，我国目前在物流领域中的现代信息技术应用和普及程度都相对较低，发展也很不平衡，信息技术在核心层面没有得到充分的应用。就如参观北京宅急送公司的仓储作业一样，由于信息与相关设备技术不纯熟，目前全自动作业的准确率不高，加大了管理人员后期的矫正工作，所以后期不得不放弃了先进的技术设备。虽然现在我国物流企业对于信息化的利用程度和认识程度不如发达国家，但是我们要对国家的发展有信心，起步晚意味着我们可以吸收更多的先进经验，况且现在提升了对信息化的重视程度，国家的发展一定会越来越好。